人口流动研究方法与应用

——基于大数据与智慧城市视角

李　毅　著

中国农业大学出版社
·北京·

图书在版编目(CIP)数据

人口流动研究方法与应用:基于大数据与智慧城市视角 / 李毅著. —北京:中国农业大学出版社,2018.12

ISBN 978-7-5655-2163-8

Ⅰ.①人… Ⅱ.①李… Ⅲ.①人口流动-研究方法 Ⅳ.①C922

中国版本图书馆 CIP 数据核字(2018)第 290979 号

书　　名　人口流动研究方法与应用——基于大数据与智慧城市视角

作　　者　李　毅　著

策划编辑　李卫峰　赵　中　　**责任编辑**　李卫峰

封面设计　郑　川

出版发行　中国农业大学出版社

社　　址　北京市海淀区学清路甲 38 号　　**邮政编码**　100083

电　　话　发行部 010-62733489,1190　　读者服务部 010-62732336

编辑部 010-62732617,2618　　出　版　部 010-62733440

网　　址　http://www.caupress.cn　　**e-mail** cbsszs@cau.edu.cn

经　　销　新华书店

印　　刷　北京时代华都印刷有限公司

版　　次　2019 年 7 月第 1 版　2019 年 7 月第 1 次印刷

规　　格　787×1 092　16 开本　10.5 印张　254 千字

定　　价　58.00 元

前　言

城市发展离不开人，人口的流动不断为城市注入新的动力。随着我国的城市化速度的加快、科技的进步以及互联网的发展，日益完善的高速公路、铁路和航空网络，使人们的出行方式已经发生了天翻地覆的变化，出行方式由最初的步行发展为现在的自驾、飞机、高铁等为主要出行方式，区域之间和城市之间的人口流动速度也越来越快，因此对于人口移动的研究也面临着明显的变化和转型，开始从传统的利用人口普查数据研究人群行为发展到现在利用通信网络大数据来研究人群行为，除此之外，还应该探求新的研究方法来实现“智慧城市”的愿景。

基于以上分析，我们结合多年科研成果和调研实际工作中遇到的困难和实际问题，并对大量国内外文献和著作的梳理基础上编写了本书。通过对移动人口数据的挖掘，从人口的测度、分布、标签三个方面对微观流动人口模型展开研究，以建立在“时”“空”“人”三个空间上多维流动人口模型。拟解决其中关键的“流动人口与移动通信的同步性，如何测度微观流动人口?”“如何描述微观流动人口演化规律?”以及“如何预测微观流动人口结构?”三个问题。拟采用理论分析结合数据实验的方法，本着从定性假设到定量归纳，从理论演绎到评价反馈的技术路线展开研究。研究价值在于从方法论角度提出对微观流动人口统计的精细化估计方法，有助于快速引导各级政府进行科学决策和采取应急行动，促进城市发展，为建设智慧城市提供重要的理论指导并且对实际应用提供帮助。

感　谢

本书得到了中国博士后科学基金资助项目“基于网络辅助信息下空间抽样设计研究”(2016M600154)、全国统计科学重点研究课题“基于移动通信大数据的流动人口精细化挖掘研究”(2015433)、北京市社会科学基金重点项目“基于北京市地理分布的空间抽样设计研究”(14JGA022)、山西省高等学校哲学社会科学研究项目“基于山西省社会经济地域的空间抽样设计和决策优化研究”(2017329)、山西省高等学校创新人才支持计划资助项目(晋教科[2016]3号)和山西省“1331工程”重点创新团队(培育)建议计划的资助。本书的执笔人为李毅副教授。另外，还有山西财经大学统计学院硕士研究生刘雅楠、聂瑞华、索丽菲、成海美、于小慧、段欢芳等也为本书的完成做了一定的工作。

此外，中国人民大学金勇进教授认真审阅了全书，提出了许多很好的修改建议，在此表示深深的感谢。

尽管本书在研究思路、研究方法等方面做了较多的创新性努力，取得了一定的进展，但由于人口流动问题研究本身就是一个内容十分复杂的课题，受作者能力制约，本书不可避免地存在许多不完善和不足之处，敬请各位读者批评指正，并提出宝贵意见。

目　　录

第1章 绪 论

1.1 研究背景

古往今来，每个国家最基本元素都为人民和土地，因此，点人头一直是一个国家最基本、最原始、规模最大的社会活动。也就是说人口统计是自有人类社会，特别是在国家出现以来，历史最悠久的统计活动。我国是世界上最早进行人口统计的国家之一。“禹平水土，定九州，计民数”便是对公元前2100多年前夏禹时代人口统计活动进行的简单记载。历史上著名的秦相商鞅曾经提出“强国知十三数，境内仓口之数，壮男、壮女之数，老、弱之数，官、士之数，以言说取食者之数，利民之数，马、牛、刍藁之数”，即，强国要经常掌握各类人口情况是关乎于富国强兵的大事；为政期间，首创人口动态登记制度，如“四境之内，丈夫女子皆有名于上”“举民众口数，生着著，死者削”。美国虽建国较晚，但人口统计几乎和其建国史相生相伴，其建国者把人口普查写进了宪法。美国如此重视人口普查的原因在于，人口的变动直接涉及国家权力的变动，乃至国会众议院席位的分配都与其息息相关。在世界上大多数国家中，人口迁移发生在个人或家庭寻求新居住地来满足他们特定需求，这种迁移改变了他们收入状况和生活方式。就整个社会而言，人口在地区间的迁移不仅促进了城市化进程，也有利于资源的充分利用，更带动了社会经济的发展。

人口流动是国家基础性战略信息资源。自1885年英国人口统计学家Ravenstein发表《人口转移规律》以来，围绕人口流动的现象和特征趋势开始被广泛系统性地研究。人口流动研究的首要科学问题，是对流动人口概念的把握，概念从统计口径上左右着流动人口总量的结果。人口流动简单的定义为，在一个特定时间段内，以人口跨越地理区域为标准的人口统计。我国流动人口统计，已经形成人口普查、行政统计、年度调查、抽样调查等多元的数据采集体系，可以提供丰富的研究信息。在行政统计中流动人口登记的功能定位是社会管理，目的主要是为了证明公民身份,确定其责任和权益。表1.1是根据不同部门对人口流动管理相关文件整理出来的流动人口界定标准的比对。我们可以看出在各类统计中,表示“流动人口”的词汇不同,流动界定的时间和空间单元、登记统计方式等方面的尺度标准并不统一。

表1.1 不同部门流动人口统计口径比对[①]

统计元素	常规行政统计			人口普查
	公安部门	计划生育部门	统计部门	
数据采集目的	加强流动人口管理、维护社会治安秩序	掌握流动人口生育状况	获取人口数据	获取人口数据
使用术语	暂住人口	流动人口	外来流动人口	流动人口
统计/登记对象	流入人口	流入和流出人口	流入人口	流入和流出人口
基础统计地域单元	乡镇级行政地域(农村)、户籍管辖区(城市);部分城市以大市行政范围为界	县域、市辖区	乡镇级行政地域(农村)、市辖区(城市)	乡镇级行政地域(农村)、市辖区(城市)
登记方法	划分小区,统计对象自行申报(被动登记)	划分小区,调查员入户登记(主动登记)	分区排查、部门数据汇总、调整	划分小区,调查员入户登记(主动登记)
统计/登记对象年龄界限	16岁以上	18～49岁[②]	无	无
纳入统计的流动动机	无限定	工作、生活	无限定	无限定
流入时间	3天以上	15～30天	1天或以上	半年或以上
流出时间	无	15～30天	无限定	不足半年、半年或以上
户口登记状况	离开常住户口所在地	离开常住户口所在地	乡镇、市辖区外的人口分离	乡镇、市辖区外的人口分离
符合流动的“时空”标准但不列入统计的流动人口	16岁以下的人口	非育龄人口;户籍不在现居地、但配偶具有本地户籍的婚迁人口	户口待定的人口;境外人口	户口待定的人口

续表 1.1

统计元素	常规行政统计			人口普查
	公安部门	计划生育部门	统计部门	
统计频率	实时、动态	月份/季度	年度	10 年
公布数据的对应时点	年底	年底	年底	普查时点

注：①各部门的界定标准均有过多次调整，表中所列为现行标准。②部分地区（如福建省）包括随成年流动人口一起流动的未成年人口。

资料来源：韦艳，张力. 人口研究，2013，37(4)：56-65

在中国，自 1958 年实施《中华人民共和国户口登记条例》以来，人口流动就被纳入管理的轨道。从 1953 年新中国第一次人口普查以来，我国的人口统计就一直沿用着“逢 0 年份普查，逢 5 年份 1%抽样调查”的惯例，人口普查无论从资料的全面性和准确性来看都可以被视为把握流动人口规模的权威数据源，通常被作为基期资料使用。表 1.2 列出了我国历次人口普查中流动人口界定标准的演变。从发展趋势看，我国人口普查中流动人口的登记方法从早期的流入地登记为主向流出地和流入地都登记转变，有关流动的“空间”和“时间”维度的界定精度越来越细，倾向包括更多自发、短距离、短期的流动以反映社会经济的变化。

表 1.2 历次人口普查流动人口界定标准

年份	1953 年	1964 年	1982 年	1990 年	2000 年	2010 年
户口状况	家庭成员中不在本人口普查区	办理常住户口迁移	离开常住户口登记地；或在本地暂无户口	离开常住户口登记地；或在本地暂无户口	离开常住户口登记地；或在本地暂无户口；或户口暂定	离开常住户口登记地；或在本地暂无户口；或户口暂定
空间尺度	人口普查区	户口管辖区	跨越本县、市、区	跨越本县、市、区	跨越本乡（镇、街道）	跨越本乡（镇、街道）
时间尺度	半年以上	无	1 年以上	1 年以上	半年以上	同时统计半年以下和半年以上
统计时点	6 月 30 日 24 时	6 月 30 日 24 时	7 月 1 日零时	7 月 1 日零时	11 月 1 日零时	11 月 1 日零时
登记办法	户主到普查登记站登记	户主到普查登记站登记	普查登记站登记为主，辅以到户登记	入户登记	入户登记	入户登记

续表 1.2

年份	1953 年	1964 年	1982 年	1990 年	2000 年	2010 年
流动统计	外出超过 6 个月	户口迁出、迁入	人户分离，但不包括县（市）内的流动	人户分离，但不包括县（市）内的流动	人户分离，但不包括县（市）内的流动	人户分离，但不包括县（市）内的流动

资料来源：韦艳，张力. 人口研究，2013，37(4)：56-65

目前，我国人口发展已经从生育导向转为迁移导向，除了全国性大尺度范围内人口流动的信息外，城市中微观人口结构及其周期性动态流动缺乏有效获取手段，这成为各级政府在配置城市公共基础设施及公共服务设施和制订城市公共安全应急保障方案的主要制约因素之一。比如在 2006 年美国国家统计局首次正式发布全国各县和 6 400 多个地区“日间人口”（daytime population）的评估，被应用于交通运输和灾害救援计划，其中，“日间人口”指一个地区在 8 小时上班时间内通勤人口。相比国外，国内对于以微观流动人口普遍缺乏关注，一方面，由于存在观察、计数上的困难，对于一定区域内的流动人口总量、密度及区位分布等缺乏相应的统计资料；另一方面，城市规划和建设等方面也仅以居住人口为目标群体，很少将流动人口纳入其考虑的范围之内。可喜的是，最近几年来移动通信手段的快速普及，为我们解决上述问题提供了可能。《大数据时代》（肯尼斯·库克耶和维克托·迈尔-舍恩伯格著）中指出不采用抽样调查这种简单的随机研究法，而是利用全部数据进行整理分析的方法是大数据分析方法。关于大数据另一种定义是由麦肯锡全球研究所提出的，具备四种特征的数据集合：低价值密度、多样化类型、大量的规模、快速的传输，它的规模巨大，在分析、获取、存储、管理方面超过普通的工具软件的处理能力范围。在大数据时代，采用计算机方法收集处理数据，使智能移动终端应用各个方面，将多部门的数据信息进行收集汇总，并在此基础上进行交叉比对，从而得出较为精准的人口统计数字，为人口管理提供依据。移动通信基站可以监控并实时获取用户所处的地理位置信息。利用这一点，2014 年 1 月 25 日晚央视晚间新闻与百度合作推出的“据说春运”利用百度后台每天数十亿次 LBS（Location Based Service，基于地理位置的服务）定位数据进行计算分析，通过时间、地域两个维度，实时、动态、全景展现了人口大迁徙的轨迹与特征。根据中国工业和信息化部发布的“2014 年通信运营业统计公报”显示，2014 年移动电话用户总数达 12.86 亿户，移动电话用户普及率达每百人 94.5 部，几乎已经人手一部手机。也就是每个人都随身携带了一个信息发射机，随时报告自己的行踪。合理使用这些发射机所发出的信息，能使我们快速精准地获取各项与人相关的信息。

对于人口普查、人口抽样、动态监测、高校和科研机构以及企业拥有的流动人口数据，存在着数据量庞大、信息来源繁杂等特点，涉及某个具体事物时，容易出现精准性缺失、针对性不强等特点，无法高效的展开数据使用和趋势预测。通过大数据挖掘和人工智能算法，能够把握流动人口发展最新状况、特点以及面临的新问题和新形势，可摸清流动人口底数，明晰流动人口发展情况。除数据处理和挖掘以外，大数据的预测性分析能够通过建立科学模型提供新的结果参考数据，预测未来发展态势。包括人口迁移规律、流动人口的社会关系以及未来的格局和模式，都可以通过大数据预测模型进行。

1.2 研究意义

中国作为人口大国，流动人口已经成为我国社会经济发展中的重要社会现象之一，流动人口的研究对于国家和城市的发展显得愈发重要。科学认识我国人口流动空间趋势、比例特征和轨迹模式并以此识别城市区域功能和构建智慧城市具有很强的政策意义。目前我国流动人口统计方面尽管也引入了如遥感等现代化高科技手段，但目前人口普查和流动人口抽样调查依然是流动人口统计的最主要监测方法，这两种方法的局限性不容忽视。通过文献梳理我们发现，虽然目前关于人口流动的文献相当丰富，但利用移动人口数据进行流动人口估计的成熟研究成果空缺，没有形成完整的应用思路和方法模型，国内外现有的研究存在三点不足：一是大数据方法探讨比较多，问题导向的流动人口估计缺乏；二是研究移动人口行为的微观成果较多，但人口迁移估计的成果缺乏；三是技术角度讨论问题较多，宏观经济统计和政府统计角度的探讨缺乏。

随着我国经济社会迅速发展，省级行政区之间联系变得异常复杂，人口迁移连续数据不易得到，同时引力模型存在局限性，主要在于其参数在空间上差异性显著，即不同区域使用相同引力模型所得结果会产生较大偏差，这些成为人口迁移空间格局的研究障碍。许多学者研究发现中国省际人口迁移空间格局呈现出无标度特性、小世界现象以及群集结构的特征，是最典型的复杂网络，其主要思想是将省际人口迁移空间格局的各个省份及省际迁移人口的关系转化为网络的节点和边，以网络的形式描述真实空间格局中各省份间关系。因此，可以推测复杂网络分析方法在人口迁移空间格局分析中占有重要地位。然而针对人口迁移空间格局的复杂网络方法，特别是针对潜在未来可能发生的人口流动预期网络研究却鲜见报道。第 2 章至第 3 章以省级行政区和迁移人口构建复杂网络模型，首次应用群集发现和互信息节点重要性评估算法对人口迁移空间格局进行了分析，聚焦人口迁移网络的拓扑结构，找出网络中的核心省份以及人口迁移省份之群，同时引入人口迁移选择指数来改进链路预测算法对人口迁移趋势进行了分析，探索省际预期潜在的人口迁移空间格局。同时也可以说明，运用复杂网络理论对人口迁移机制的研究成为有益探索，为人口迁移研究提供了一种理论方法。

与现有的流动人口调查方法相比，第 4 章至第 6 章基于移动通信实时、连续、自动生成的通话记录大数据更加深入和细化人口迁移问题，对人口迁移的研究不局限在省级单位，因为中国一个省的面积在某种程度上相当于某个欧洲国家的面积，继续深入地级市层级甚至个人轨迹，不需要浪费大量的人力、物力，财力，也不需要流动人口自身提供相关信息，具有节省成本、速度快、精度高、程序少等优点，因此该方法可以应用于流动人口的统计调查实践中，这丰富了统计调查中流动人口调查的方法理论，对于流动人口统计制度的改进和完善也具有重要的理论价值。在此基础上，各地统计部门通过与其所在地的移动通信运营商合作，充分利用现有大数据资源平台，通过有效的流动人口规模估计方法就能够实现对本地流入人口规模的实时监测，从而为城市的流动人口管理服务提供更为及时可靠的数据，以提高城市的流动人口管理服务，并制定精准化的流动人口管理服务政策。同时，政府部门可以根据城市的经济发展水平以及资源承载能力，通过对流动人口的规模进行合理地控制，实现地区经济、人口、资源的协调发展，为智慧城市的实施提供了理论依据。

本研究拟通过对移动人口数据的挖掘，从人口的测度、分布、标签三个方面对微观流动人口模型展开研究，以建立在“时”“空”“人”三个空间上多维流动人口模型。拟解决其中关键的“流动人口与移动通信的同步性，如何测度微观流动人口?”“如何描述微观流动人口演化规律?”以及“如何预测微观流动人口结构?”三个问题。拟采用理论分析结合数据实验的方法，本着从定性假设到定量归纳，从理论演绎到评价反馈的技术路线展开研究。研究工作价值在于从方法论角度提出对微观流动人口统计的精细化估计方法，有助于快速引导各级政府进行科学决策和采取应急行动，促进城市发展，为建设智慧城市提供重要的理论前瞻性和实际应用意义。

1.3 国内外研究综述

人口迁移被认为是由资源分布不均衡引起的，主要研究理论包括宏观方面的“推力一拉力”理论，微观方面的“投资-收益”理论和预期收入理论，以及宏观及微观相结合的新古典经济学的人口迁移理论。人口迁移理论最早可追溯到 Ravenstein(1885)的迁移定理(law of migration),1938年Heberle对迁移定理进行深化,首次系统提出“推力一拉力”理论:人口迁移是受迁入地拉力与迁出地推力相互作用的结果。Zipf(1946,1949)将牛顿的万有引力定律引入“推力一拉力”模型,最早提出引力模型:$M_{ij}=K(P_iP_j)/D_{ij}^a$,其中,$M_{ij}$为人口推拉力,$P_i$、$P_j$分别为迁入地和迁出地的人口数,$D_{ij}^a$为迁入地到迁出地的距离,$K$为模型系数,$a$为距离衰减参数。1970年Tobler提出“地理学第一定律”进一步证实人口迁移更倾向于短距离迁移,也就是说人口迁移与距离成反比。1967年Wilson基于最大熵原理修正引力模型,提出空间相互作用模型:$M_{ij}=A_iB_jO_iD_jf(d_{ij})$,其中,$M_{ij}$为迁入地$i$到迁出地$j$的迁移人数,$O_i$是$i$地总迁出人口,$D_j$是$j$地总迁入人口,$A_i$和$B_j$分别为满足迁入迁出约束条件的平衡因子,$f(d_{ij})$为距离衰减参数。Wilson模型用统计特征“平均人”描述人口迁移的宏观运动,奠定引力模型坚实的理论基础,进而推动了其在人口研究和实践中的广泛应用。

另一种观点认为人口迁移与地理距离没有直接关系,地理距离仅是影响人口迁移的代理变量。在20世纪60年代修正引力模型开始使用,许多学者尝试用其他变量来代替距离,主要研究集中于用社会经济理论等从微观角度分析人口迁移原因、机制,其基本假设是:移民所在地条件与所期望地条件之间不平衡导致迁移。基本表现形式为:$\ln M_{ij}=\ln\beta_0+\beta_1\ln D_{ij}+\beta_2\ln P_i+\beta_3\ln P_j+\beta_4\ln Y_i+\beta_5\ln Y_j+\sum_{n=1}^{m}\beta_{in}\ln X_{in}+\sum_{n=1}^{m}\beta_{in}\ln X_{in}+\sum_{n=1}^{m}\beta_{jn}\ln X_{jn}+e_{ij}$,式中,$Y$变量为收入,其他变量包括失业率、城市化率、各种气候相关变量,各种公共支出及税收相关变量,还包括人口迁移拉力特征的变量,如年龄,入学年龄等。这种修正引力模型在人口迁移的研究具有里程碑的意义,模型被不断修正扩展,从更微观的角度加入了迁移发生的原因、影响因素和规模等虚拟变量。新古典经济学理论的代表有Schultz从人力资本角度出发来探究人口迁移的原因,他提出“投资一收益”理论的观点,指迁移人口由于在迁入地获得的相对多的机会而产生的经济收入,即“迁移的预期收益”,迁出先决条件是迁移者在迁入地所能获取预期收益大于0。Lewis于1954年提出二元经济理论,即由于劳动生产率与边际收益率的差异,现代发达的城市工业部门吸引传统落后的农业部门剩余劳动力。美国学者Todaro于1969年发表的《不发达国家劳动力流动和城市失业模型》一文中提出预期收入理论来解释地区之间尤其是城乡之间人口流动的矛盾,从而劳动力过剩引发的迁移人口流动。新古典经济学家将经济学中宏微观因素引入人口迁移的研究中,宏观结构性因素主要有经济上由于发展的程度不同造成相对价格的不同,以及各地区的资本、劳动力的需求和现状的矛盾导致人口的迁移;微观个人方面是由于个人的选择,可能是为了获得高于迁出地的劳动报酬或是其他一些个人原因。因此产生了新家庭迁移理论,重点研究人口迁移行为的空间和数量等方面,这个理论指出了迁移可能与家庭成员的共同决策相关,经济最大化和风险最小化是人口选择迁移时的最佳决策因素。这一理论在相对传统、对家庭相对注重的中国、东南亚一些国家以及一些发展中国家更加适用。

我国主要借鉴采纳的人口迁移理论是推一拉理论,推一拉理论对于人口流动产生的原因、流向、流动者特征等方面具有显著的解释力,得到了广泛认同,我国学者也进一步扩展了推一拉理论的推力和拉力所包含的因素,形成了一些颇有解释力的成果。同时 Lewis 的二元经济模型从宏观上揭示了劳动力转移的动力和过程,Lewis 的二元经济模型对于认识我国劳动力流动过程具有重要的参考价值。Todaro 模型虽然对于解释我国大规模的乡一城劳动力迁移现象颇有说服力,但它过于强调个人迁移动机不免对社会结构制约因素重视不够。现有的研究对于省际人口迁移的空间格局的分析大多是以属性数据为主来构建一系列相关的分析指标,通过这些指标来定量分析人口迁移等的行为。由于网络科学不断发展,也有部分研究采用网络化的方法来研究分析我国的人口迁移,这些基于网络视角的方法都是通过最基本的网络属性信息来进行分析,处于相对薄弱的状态,本书则进一步对省际人口迁移网络结构进行测度并深入研究,以此提供了崭新的研究视角和方法,并且可以对未来一段时间内的人口迁移形势做出一定的预测,为相关政府部门提供一定的决策支持。

我国的城镇化进程正在加速推进,城镇化是我国实现现代化的必由之路,也是我国最大的内需潜力和发展动力所在。2017 年 7 月,国家统计局发布的数据显示,我国城市数量达到了 657 个,市辖区户籍人口超过 100 万的城市已经达到了 147 个。由此促进城市规划中城市产业郊区化和居住郊区化的发展,即城市人口的职住分离现象。从人口普查统计的角度而言,居住地和工作地人口统计的口径不一致。另外,关于流动人口数据的获得,很多学者利用的是普查数据和抽样调查数据相结合的方式(段成荣等,2009;漆莉莉,2006;范川,2013),这样的数据获得时间间隔较长,结果上往往具有较大的滞后性。目前的人口数据均以行政区为单元,通过统计、普查、逐级汇总获得,这种统计方法数据更新周期长,且不能与自然地理单元有效叠合。随着网络、通信技术的不断进步与飞速发展,大数据概念也开始逐步进入人们的视野,目前对于大数据的描述已经从 3V、4V 到了 5V(volume 体量大、velocity 模态多样、vatiety 速度快、veracity 真伪难辨、value 价值)。目前,大数据的采集已经成为研究热点,生活中随着移动智能终端的使用及不断普及,暴露出来大量的大数据信息，这些信息中不乏空间位置信息，有可能及时地获取对流动人口的估计值，并借此做出时效性较强的相关结论。因此，这里我们考虑利用移动通信数据。目前，国内直接利用移动通信数据对流动人口规模进行的测度和统计分析的研究成果几乎没有。但是在移动通信领域，为改进企业管理经营水平，对移动客户识别和分类的研究较为深入，并已应用于预离网客户识别和移动通信客户群体需求细分等企业内部管理和经营中。李悦猛(2006)介绍了数据挖掘在电信用户聚类方面的算法，总结了用户之间相互联系的特点和规律，从用户自身的属性、用户之间的联系属性、用户的交往圈属性三方面探讨了影响用户消费行为的因素；陈峰(2009)、李智勇和冷夔(2011)运用决策树构建客户识别模型；路洋(2010)、刘春波(2010)运用人工神经网络等数据挖掘技术，实现有效的客户细分；马晓峰(2011)提出了交往指数和符合率的指标，利用数据挖掘技术在个人客户的流动特征的基础上构建个人客户识别模型；李锐鑫(2012)利用决策树算法构建流动客户识别模型，识别出外来工、高校学生和商旅人士等流动客户群体的特征和规律，实现对流动客户甄别与需求特征识别。向峰(2014)将协同分析处理的方法运用于移动通话数据和地图上的地理信息，挖掘出了许多有价值的内容，例如城市间隙等，进而将这些信息用于更复杂的城市规划之中。通过基于模块度的方法可以得到城市现实行政区域的个数，通过比较社区现实结构和规划方案之间的差异，从中探讨社区结构发生现实性变化的差异，寻找影响城市状态不断发展变化的潜在因素。赵时亮等(2014)对移动通信人口流动信息大数据分析方法与应用进行了理论探讨，认为可以通过手机与移动通信基站之间的广播机制，来快速得到手机在空间上的实时变化，从而得到手机用户的流动轨迹，并在此基础上，结合实名制和手机号码的归属地等信息来估计人口流动和流动人口，估算住宅空置率，城市通勤人口情况。冷彪等(2014)利用地铁客流量的数据，探讨了乘客出行规律和地铁站客流规律之间的关系，创造性地使用 LDA(Latent Dirichlet Allocation)主题模型来对行为特征进行聚类分析。周天绮等(2015)从移动通信大数据应用于流动人口统计研究中存在的技术问题出发，采用 Hadoop 技术构建了移动通信大数据的处理框架，并通过设计多种解决数据载入、存储与查询问题的方案来实现流动人口统计中存在的技术问题。包婷等(2015)也从移动通信大数据应用于流动人口统计研究中存在的技术问题出发，通过分布式人口流动分析以及多节点处理方法，基于手机运营商的手机轨迹数据建立了城市人口流动行为分析模型来对城市的人口流动情况进行研究。

国外关于流动人口在通信领域中展开大量定量研究。美国 1999 年通过追踪部分手机用户的通话记录，描绘用户地理位置轨迹，获得了人口流动性的研究经验;德国2006年通过西门子移动手机设置了识别客户流动的芯片而进行流动人口的估算,由于样本规模较小,无法实现外推,因而只得到客户流动的比例等初步信息,而无法测度总的流动人口规模。2000年以来,欧盟统计局也加强了对流动人口的估计,通过居民护照、航空记录、欧洲之星列车和旅行等记录来估算流动人口,其中也包括对移动通信数据的分析和推算。芬兰、瑞典、日本等国也有对通信数据进行流动性分析的相关研究。英国则是通过微观连续的病人登记年度数据与国家卫生服务中心登记季度数据相结合来实现地区流动人口的准确而详细的监测(Statistics UKN,2009)。Lathia(2011)通过分析地铁站的人流量数据估计了一个地铁站内的拥挤程度,以及不同站点间的通行时间,为人们出行线路和购票方式的选择提供建议。城市规划者也可以依据文章的研究结果来组合规划交通路线。此外,也有学者利用出租车的移动轨迹数据来为交通路线的规划提供参考意见。使用出租车移动轨迹数据和使用人口轨迹数据异曲同工,都可达到城市计算、城市规划相同的目的。Porta et al.(2012)用MCA(main component analysis,主成分分析)模型分析了欧洲大型城市巴塞罗那的地形,用KDE(kernel density estimation,核密度估计)方法衡量每个地点与街道、不同类型的经济活动的近似程度。之后用这两个密度分析主要经济活动和次要经济活动和街道中心之间是否联系更密切。经过分析发现次要经济活动与街道中心之间的联系比主要经济活动与街道中心之间的联系更紧密。而且,次要经济活动与街道中心的全球指数之间的相关性要高于与地方指数之间的相关性。但上述研究均没有从统计方法和制度方面对流动人口的经济社会特征展开研究和改进,主要原因:一是美国等西方国家高度重视个人信息的隐私,一些政府组织和非政府组织进行的人口流动性研究,若涉及个人隐私将被视为非法,斯诺登曝光的“棱镜计划”就是一个例子;二是这些国家的移动通信的流动性研究大部分是基于商业目的而进行的,主要目的是服务于移动通信运营商计费和成本方面的考量,研究层面局限于公司和行业;三是以技术性的研究为主导,没有对移动通信数据的社会经济记录进行外推和规模估算等研究,无法实现统计方法和制度的改进。

如何从这些数据中挖掘有价值的信息一直是各学科领域的研究热点,社会科学的研究者们不断找寻流动人口与城市问题之间的关联,帮助人们了解城市运行状况,还可以引导决策者进行合理的城市规划和资源部署,从而提升资源利用效率,促进城市和谐发展。数据科学领域的研究者们尝试利用大数据的思想,从这些异构数据中挖掘内在价值,来应对城市发展过程中的挑战,促进城市发展,为建设智慧城市提供新思路。

1.4　研究内容与思路

本章内容将就以下几个方面展开：

• 在省际人口迁移的研究中首先应用复杂网络测度方法，从关系的角度分析跨省人口迁移的基本特性及关联性，接着对省际人口迁移的空间格局与趋势预测通过 Louvain 社团发现算法和链路预测算法探究其影响；

• 在地级市人口流动监测研究中以抽样选取的某市 20 万条移动通信大数据为准，运用改进滚雪球抽样方法精准估计该市的流动人口占比，并结合扩展人口迁移引力模型精细挖掘该市流动人口空间格局的影响因素；

• 以个体移动轨迹位置信息为研究点，结合手机端用户移动位置信息数据，综合运用小波分析和 LSTM(Long Short Term Memory)神经网络构建人口轨迹预测模型，并在此基础上运用层析聚类法分析人口的出行规律和活动范围，以实现对区域的主要功能的识别，为智慧城市构建提供理论基础；

• 基于省际人口迁移、地级市人口流动和个体移动轨迹的研究，最后引入人类活动大数据的城市感知与计算，挖掘人类移动规律和活动模式，为智慧城市功能的完善提供理论支撑，是对人口流动研究成果的高度凝练。

本书研究思路可以从目录一览大概，但其中各章节内在的逻辑关系通过一个流程框图(图 1.1)可能更一目了然：首先界定人口流动的相关概念，从古至今人口统计在国家发展中都至关重要，通过回顾梳理历史文献，在流动人口统计方面主要有普查和抽样调查以及如今大数据背景下移动数据整理相关研究；其后提出全书的总体分析框架，定位研究坐标；其次按照从宏观层面到微观层面的研究思路构思，宏观方向侧重研究省际人口迁移网络结构、影响因素、空间格局并以此预测我国省际人口迁移的趋势；微观方向结合移动通信大数据分别分析了流动人口比例和特征、白日人口轨迹位置预测并在此预测模型基础上分析人口的出行规律和活动范围以实现对区域的主要功能识别；再次是本书人口流动宏微观研究层面的应用与升华，通过城市感知与计算对人类移动轨迹数据的挖掘和分析从而提高社会资源利用率以构建智慧城市；最后是全书的总结和展望。

本书研究思路的示意简图如图 1.1 所示：

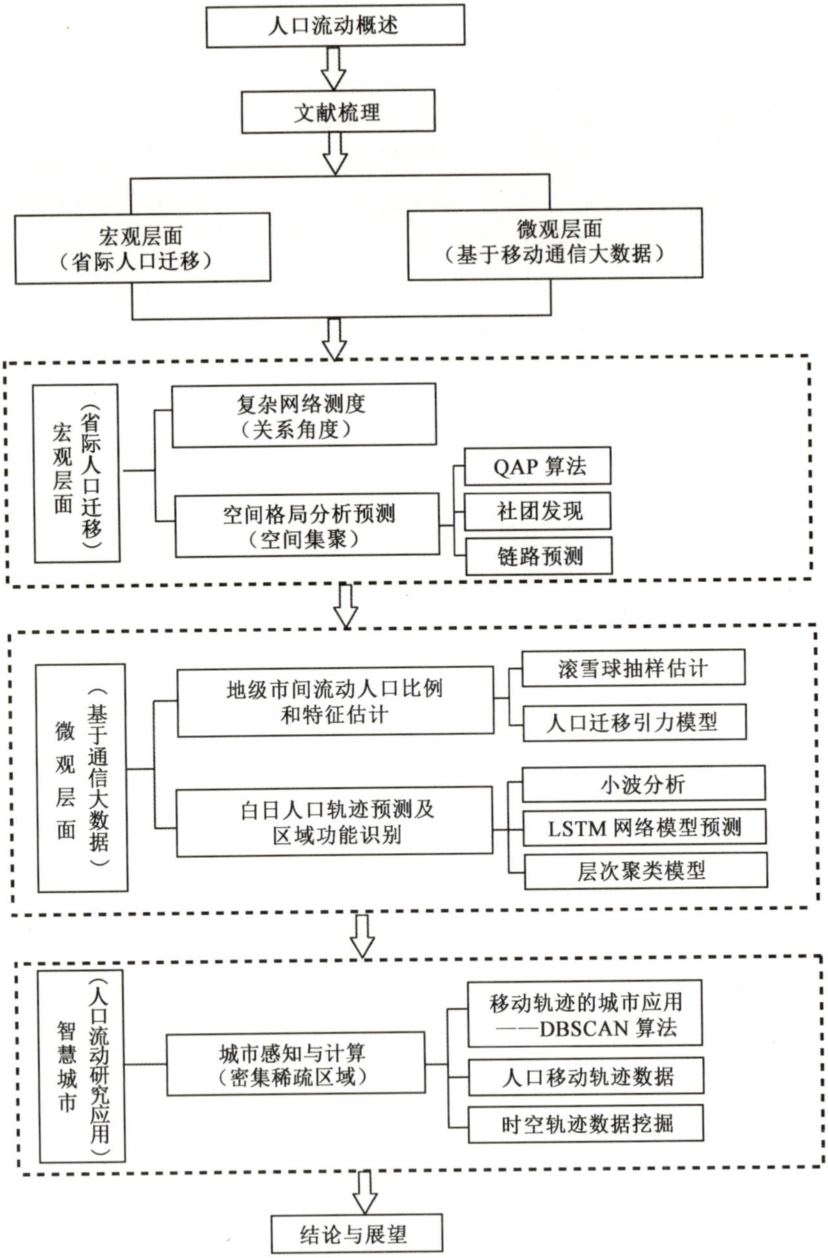

图 1.1　本书研究思路的示意简图

第 2 章　省际人口迁移网络的测度研究

人口迁移作为人口再分布以及资源配置的重要机制，对迁出地和迁入地的地区经济发展有很大的影响。同时随着我国经济的迅猛发展，省际人口迁移流动的流向、强度和规模也在不断地变化，我国人口发展已经从生育导向转为迁移导向，这样一来对人口迁移深入全面的研究也成为对人口迁移管理与合理规划的支撑。因此为了适应经济的发展和社会的进步，人口迁移问题已经广泛的成为众多学科的研究对象。我国关于人口迁移问题的研究所采用的方法还基本停留在定性分析，以及描述人口流动的特点、方向和影响因素等定量分析。省际人口迁移这一过程可能涉及大量的人口，无论是对于迁出地还是迁入地其人口分布会产生显著变化，通常人口迁移流动是有选择性的，它不但与迁移人口本身有关，同时与迁入地与迁出地的特征有一定程度的关系，可见需要从关系的角度出发来全面分析研究我国人口迁移现象。

本章以省级行政区和迁移人口构建复杂网络模型，将复杂网络测度方法应用到我国省际人口迁移研究中。以第六次全国人口普查数据为基础，运用人口迁移选择指数构建省际人口迁移网络，分析人口迁移网络的基本统计性质以及网络关联性，并对我国省际人口迁移网络拓扑结构进行讨论，具有一定现实指导意义。首先，通过计算复杂网络的统计量度与度分布、集聚系数、平均最短路径等方面对网络结构性质进行讨论，发现我国省际人口迁移网络是一个整体上具有小世界效应而局部具有无标度特性的复杂网络；我国省际人口迁移网络出现了以度值较大省份为中心的群体结构，且度值对迁入影响大于迁出影响。其次，采用矩阵关系数据的 QAP(Quadratic Assignment Procedure，二次指派程序)算法对我国省际人口迁移的驱动机制进一步实证分析。通过 QAP 回归分析，距离因素仍是人口迁移最显著影响因素；人均 GDP、第三产业产值比重、就业人员平均工资以及 HDI 等因素与我国省际人口迁移现象有显著正相关关系；然而，目前生态建设水平并没有成为影响人口迁移选择偏好的重要因素。

2.1 复杂网络及其统计性质

复杂系统在人们赖以生存的自然和社会中无处不在，而复杂网络则可以用来间接刻画和描述这些纷繁的复杂系统。由于网络结构可看作是构成这些复杂系统的基本单位，于是每一个复杂系统都能用单元或个体之间的相互作用的网络来形象表示，进一步通过统计物理学以及图论中相关思想和方法，可以很好地来描述分析复杂系统的形成机理、演化机制、整体行为与功能，这是复杂网络的研究日渐盛行的主要原因。

2.1.1 复杂网络的概念

许多有着紧密相互关联的子系统构成了复杂系统，如果将各个子系统抽象的看作是复杂网络中的节点，并且将它们之间的某种关系抽象作为两节点之间的连边，这样就可以用具有点边结构的复杂网络来描述一个复杂系统。也就是说，许多节点与这些节点两两之间连边构成一个典型复杂网络，则这些节点构成的点集记为 V，连边构成的边集记为 E，连边集 E 中所有元素都有点集 V 中的一对元素与之相对应，那么 $N=|V|$ 和 $M=|E|$ 分别称为网络中的节点数与边数。无向网络是指在 V 中任取两节点，如果这两个元素所构成节点对 (m,n) 和 (n,m) 的连边是相同的，反之则是有向网络。如果一个网络的连边集 E 中每一个元素的权重都不相同，那么该网络称为有权网络，否则就属于无权网络。给定一个无权网络，当 E 中连边的值为零时，那么就说明这两个节点之间没有产生相互作用，否则两节点间存在关联。一个节点的所有连边也可以被叫作这个节点的邻边，于是一条邻边两端所对应的节点则被称为“邻居节点”。通常，节点和边的关系会用一个 $N*N$ 的邻接矩阵来刻画网络。

2.1.2 复杂网络的统计性质描述

网络的静态几何特征都可以用网络统计特性来量化描述，包括统计分布以及统计量等。通常一个网络统计特征由以下几个统计量来描述：

2.1.2.1 度与度分布

节点 i 所有的邻居节点数目称为该节点的度(degree)，用 k_i 来表示。在有向网络中，由 i 节点指向其他节点的数目称为 i 的出度，同理由其他节点指向 i 节点的数目则被称作是 i 的入度。

一个网络中度的分布情况用函数 $p(k)$ 来表示，假设在该网络中随机选择一个节点 i，那么节点 i 的度恰好为 k 的概率为 $p(k)$。大量研究表明，许多真实网络的度都是服从幂律分布：

$$P(k) \propto k^{-\gamma} \tag{2.1}$$

其中 γ 为度分布的幂指数，通常为 $2 \leqslant \gamma \leqslant 3$。此外，一个网络的度分布情况也可以通过累积度分布函数来进行描述，它表示的是度大于等于 k 的节点概率：

$$P(k) \propto \sum_{k'=k}^{\infty} k'^{-\gamma} \propto k^{-(\gamma-1)} \tag{2.2}$$

可见 $\gamma-1$ 为累积度分布函数的幂指数。当幂指数 γ 越小，网络中不同节点之间度分布 $P(k)$ 的差异则越小，也就是说，即使一个网络中两个节点的度值差异较大，但这两个节点的度分布情况差异并不大，同样也表明网络若服从幂指数 γ 较小的度分布函数，那么该网络中节点的度值则会有较大差异；反之，幂指数 γ 越大，网络中节点的度值差异越小，而度分布函数 $P(k)$ 间差异越大。

2.1.2.2　平均路径长度

平均路径长度(average path length，APL)是指网络中任意两节点间的平均距离，即：

$$L = \frac{1}{\frac{1}{2}N(N+1)} \sum_{i \geqslant j} d_{ij} \tag{2.3}$$

其中网络中总共有 N 个节点，节点 i 和节点 j 之间的距离 d_{ij} 意味着连接两个节点的所有路径中最短路径的边数。其中，网络中任意两节点间最大的距离则被称为网络直径：

$$D = \max d_{ij} \tag{2.4}$$

两节点之间的距离长短可以表示为两者之间关系紧密程度，若距离越短则其关系越紧密，那么也就说明这两节点之间传输性越好。对于一个网络整体，可以通过平均最短路径来体现节点间联系的紧密程度，L 的值越小则节点间联系越紧密；较小的平均最短路径也就意味着网络中最大距离值也相应较小。因此，通过网络中平均最短路径 L 和直径 D 来刻画网络中传输性能和传输效率。

2.1.2.3　聚类系数

一个网络中节点的局部聚类情况通过聚类系数(clustering coefficient)来测

度，节点 i 的全部邻居点之间存在连边数目占这些邻居点间最大可能连边数目的比例，即：

$$C_i = \frac{2E_i}{k_i(k_i - 1)} \tag{2.5}$$

其中，E_i 为节点 i 所有邻居节点之间所存在的连边数，这些邻居节点之间最大可能连边数为 $k_i(k_i-1)/2$。全部节点聚类系数 C_i 的平均值则构成了该网络整体的聚类系数。聚类系数表示某一节点的任意两个邻居节点仍然互为邻居节点的平均概率，当聚类系数越大则节点间联系程度就越紧密。

2.1.3 基本网络模型

随着复杂网络理论研究的深入发展，复杂网络的应用研究也得到了广泛关注，根据网络的生成方式和拓扑结构，大致划分为以下几种形式。

2.1.3.1 规则网络

一个网络有着规则的拓扑结构，该网络被称为规则网络，其中全局耦合网络、星形耦合网络以及最近邻耦合网络是最为常见的三种规则网络。较大的集聚系数与平均路径长度是规则网络主要的共同特征。任意两点间都存在连边的网络是全局耦合网络，因此其平均路径长度 $L_{gc}=1$、聚类系数$C_{gc}=1$；最近邻耦合网络是由 N 个节点所围成的一个环状结构，任意一个节点都与其左右各 $K/2$ 个邻居节点相连，则其平均路径长度为 $L_{nc} \approx \frac{N}{2K} \rightarrow \infty$、聚类系数 $C_{nc} = \frac{3(K-2)}{4(K-1)}$；对于存在 N 个节点的星形耦合网络，给定一个中心节点，则有 $N-1$ 个节点与之相连接，而这 $N-1$ 一个节点间不存在连边，因此该网络平均路径长度为 $L_{star} = 2 - \frac{2N(N-1)}{N(N-1)} \rightarrow 2(N \rightarrow \infty)$、聚类系数 $C_{nc} = \frac{N-1}{N} \rightarrow 1(N \rightarrow \infty)$。

2.1.3.2 随机网络

不同于完全规则网络，完全随机网络中两节点之间连边不再是必然事件而称为一个不确定事件，其连接与否是根据一定概率决定的。ER(Erdos-Renyi)随机图理论是其最为经典的模型，也是研究复杂网络拓扑结构的基本理论。给定一个 N 个节点的无向图$G(V,E)$，若任意两点形成连边概率为 p，不连边的概率为 $q=1-p$，于是就形成第一种 ER 随机图，记为 $G_{N,p}$；若完全随机的选择 m 条边作为连边集E，则形成第二种 ER 随机图，记为 $G_{N,m}$。当 $m=\frac{p}{2}N(N-1)$ 时，$G_{N,p}$ 与

$G_{N,m}$ 的性质基本相同。那么 $G_{N,p}$ 边分布的平均值为 $<M>=pN(N-1)/2$，即 N 个节点可以组成 $N(N-1)/2$ 个节点对，而每个节点对之间连边的概率都为 p；其度分布的均值为 $<k>=p(N-1)$，即网络中任一节点与其他 $N-1$ 个节点中每个节点连边的概率为 p，而任意节点度为 k 的概率为 $p(k)=\binom{N-1}{k}p^k(1-p)^{N-1-k}\approx\frac{<k>^k e^{-<k>}}{k!}$，可见 $G_{N,p}$ 服从泊松分布，因此 $G_{N,p}$ 也称为泊松网络；而 $G_{N,p}$ 的平均最短路径为 $L_{ER}\leqslant D_{ER}\sim\frac{\ln N}{\ln<k>}$、聚类系数为 $C_{ER}=p=<k>/(N-1)$。综上所述，一个 ER 随机图有较小的聚类系数和较短的平均距离，并且该网络度的分布服从泊松分布。

2.1.3.3　小世界网络

在真实网络统计特征往往是具有较大的聚类系数和较短的平均距离，不同于随机网络也不同于规则网络。Watts et al.(1998)通过一个单参数的 WS(Watts-Strogatz)小世界模型来更好的刻画介于规则网络和随机网络之间的真实网络。该模型的构造算法为：

①从规则图开始：给定一个含有 N 个节点的最近邻耦合网络；

②随机化重新连边：对于该网络中的每一条边，将其一端保留，另一段以概率 p 来随机的选择另一除本身外的节点，即每个节点不能与自身有连边。于是得到该网络模型的平均最短路径为 $L_{WS}=\frac{2N}{K}f(NKp/2)$、聚类系数为 $C_{ws}=\frac{3(K-2)}{4(K-1)}(1-p)^3$，而此小世界模型度的分布为 $p(k)=\sum_{n=0}^{\min}\left(k-\frac{K}{2},\frac{K}{2}\right)\binom{K/2}{n}(1-p)^n p^{\left(\frac{K}{2}\right)-n}$

$$\frac{\left(\frac{pK}{2}\right)^{k-\left(\frac{K}{2}\right)-n}}{\left(k-\left(\frac{K}{2}\right)-n\right)!}c^{-pK/2}。$$

为避免网络连通性在随机化重新连边的过程中有所破坏，于是 Newman et al.(1999)建立了一个新的小世界模型，被称为 NW(Newman-Watts)小世界模型，其主要按照概率 p 随机加边来构造网络模型而不是对每条边随机重连，其中不能有重边和自环。因此 NW 小世界网络模型的最短路径为 $L_{NW}=\frac{2N}{K}f(NKp/2)$、聚类系数为 $C_{NW}=\frac{3(K-2)}{4(K-1)+4Kp(p+2)}$，而 NW 模型的度分布为 $p(k)=$

$\binom{N}{k-K}\left(\frac{Kp}{N}\right)^{k-K}\left(1-\frac{Kp}{N}\right)^{N-k+K}$。实际生活中存在着许多小世界网络，这些网络通常有着很快的信息传递速度，网络的性能往往通过对极少数的一些连边的改变就能发生极大的变化。

2.1.3.4 无标度网络

ER 随机图和 WS 小世界模型的度分布近似服从泊松分布，在平均度为 k 时该分布达到了峰值，接下来就会呈现指数衰减的形式。近年来许多研究发现，互联网、新陈代谢网等许多的真实网络度的分布都服从幂律分布。Barabasi et al.(1999)提出 BA(Barabasi-Albert)无标度网络模型来解释产生这种幂律形式机理。构建无标度 BA 网络模型的算法如下：

①增长：从一个节点数为 n 的网络出发，每次为已经存在于网络中的 m 个节点连接一个新引入的点，这里 $m \leqslant n$。

②优先连接：新引入的节点以概率 Π_i 来同节点 i 相连接，$\Pi_i = \frac{k_i}{\sum_j k_j}$，其中 k_i 为节点 i 的度。进一步有，BA 模型的平均路径长度为 $L \propto \frac{\log N}{\log\log N}$，聚类系数为 $C = \frac{m^2(m+1)^2}{4(m+1)}\left[\ln\left(\frac{m+1}{m}\right)-\frac{1}{m+1}\right]\frac{[\ln(t)]^2}{t}$，度分布则为 $p(k)=\frac{2m(m+1)}{k(k+1)(k+2)} \propto 2m^2k^{-3}$。

无标度网络中各个节点的度数分布情况严重的不均匀，因此该网络有着明显的异质性：给定一个无标度网络，该网络中大多数节点的度数较小，即存在数量较少的连边，相反，该网络中极少数 Hub 点却有着极大数量的连边。由此可见整个无标度网络的建立在很大程度上依赖于这些少数的 Hub 点，这些节点发挥了极其重要的作用。因此，在复杂系统中这种严重不均匀分布的特性可以通过无标度性来进行描述。

通过上述统计量对所构建省际人口迁移网络的深入分析，来进一步探究其拓扑结构，以此来证明我国省际人口迁移网络属于哪一种类型的网络，因为不同的网络模型具有其独特的性质，这样便能够更好地来解释我国跨省人口迁移的情况。

2.2 省际人口迁移网络分析

在我国城乡二元体制和经济发展状况差异下，人口迁移流动逐渐变成一种显著现象其界定和我国户籍管理制度和城乡社会经济发展差异有很大关系，人口迁移并不是完全意义上的自由迁移，相比省内人口迁移而言，主要以跨省迁移为主。而且中国“人”“地”之间和脆弱的环境与快速的经济发展之间也构成现实的矛盾，省际人口迁移对不同地区的人口分布、经济发展区变化以及都市圈形成均有重要影响。同时，我国一直以来实行计划生育政策，这使得我国的出生率、死亡率已经进入一个稳定期，相比而言作为三大人口现象之一的人口迁移更具有研究意义。

目前我国人口迁移研究采用的方法还基本停留在定性分析以及描述人口流动的特点、方向和影响因素等定量分析。实际上，迁入量和迁出量的变化并不完全与迁入迁出地的属性有关，也与其间的关系有相当联系，例如，某一省份的总迁入量信息，包含着另外其他多个迁出地迁入该省份的信息。因此需要从关系角度出发来全面分析研究我国人口迁移的现象，复杂网络便是基于地区之间人口迁移关系数据，对我国跨省迁移的流向、流量以及相互作用力进行测度研究，对于属性信息的损耗在一定程度上可以有所减少。

2.2.1　省际人口迁移网络的构建

我国 31 个省份（自治区、直辖市）抽象为 31 个网络节点，这 31 个地区之间均存在人口迁移，因此各地区节点之间没有任何差别度值都为 30，这样构建网络的统计特征及结构研究将毫无意义。然而，各省份间人口迁移的数量相差较大，本章将通过各地区间迁移流数据来计算我国人口迁移选择指数，并将全国平均水平设为阈值，若选择指数大于平均水平则两地区间存在连边，否则不存在连边，由此构建出人口迁移偏好网络作为接下来的研究前提。研究所使用的数据来源于《全国第六次人口普查》。

人口迁移选择指数（Migration Preference Index）反映了在全国迁出、迁入地人口规模平均影响水平下，由 i 地流向 j 地的实际人口迁移数与期望数之比，将其定义为：

$$I_{ij}=\frac{M_{ij}}{\left(\frac{P_i}{P_I}\right)\left[\frac{p_j}{(p_I-p_j)}\right]\sum_{ij}M_{ij}}\times K \tag{2.6}$$

其中，I_{ij} 为迁移选择指数；M_{ij} 为 i 地迁向 j 地的人口数；P_i 为迁出地 i 的人口数；P_j 为迁入地 i 的人口数；P_I 为全国总人口；K 为常数，一般设为 1 或 100。若 $I_{ij}>1$，说明 i 地的人口选择迁向 j 地的趋势比全国平均水平要高；若 $I_{ij}<1$，说明 i 地的人口选择迁向 j 地的趋势不如全国的平均。由于人口迁移选择指数存在

方向性，因此所构建的人口迁移偏好网络是一个有向网络，记为 G(V,E)，其中 V 代表 31 个省份节点，E 代表任意两省份间选择指数大于 1 的有向连边。若 i 地迁到 j 地的 I_{ij} 大于全国平均水平则有向边 $e_{i\to j}$ 存在，同理，若 j 迁向 i 地的 I_{ji} 大于全国平均水平则有向边 $e_{j\to i}$ 存在。

通过全国第六次人口普查数据计算得到的人口迁移选择偏好指数，这里选取各迁入地和迁出地所对应的选择指数中最大的指数，得到表 2.1 中各省份最大迁移偏好：

表 2.1　各省份最大迁移偏好

迁出地→迁入地	选择指数	迁出地→迁入地	选择指数
安徽→上海	39	天津→北京	7
河北→北京	23	浙江→上海	7
江苏→上海	17	四川→上海、西藏	7
贵州→浙江	16	湖北→广东	7
广西→广东	14	宁夏→新疆	7
湖南→广东	13	辽宁→北京	6
江西→浙江	13	福建→上海	6
甘肃→宁夏、新疆	13	西藏→青海	6
河南→北京	11	陕西→北京、宁夏	5
黑龙江→北京	11	云南→浙江	3
内蒙古→北京	10	海南→广东	3
青海→西藏	10	北京→天津	2
吉林→北京	8	广东→海南	2
山西→北京	8	新疆→北京	2
山东→天津	8	上海→全国	0
重庆→福建	8		

从表 2.1 可以看出安徽迁入到上海选择指数(39)是全部选择指数中最大值，表明安徽对上海有迁移偏好显著。上海对各省份的人口迁移选择指数都为 0，各省份尤其是南方地区对上海的选择指数都较高。另外，北京也是大多数省份第一选择迁入地，与上海相比偏好迁入北京的省份较分散，其中河北的迁移人口迁移到北京的倾向最大，所得指数达到 23。由此可见，北京对迁移人口的吸引展现出“广而均”的特点，上海则呈现“聚而强”的吸引模式。我国人口迁移这种明显地向核心

城市迁移的倾向，给这些迁入地的交通、环境和公共服务等方面带来巨大的压力，同时也给迁出地带来了人才的流失、城市经济发展缓慢等问题。因此合理的预测人口迁移的趋势来推算城市人口规模，以此来制定相应的城市规划方案构建"人—环境—城市"三赢的社会。

2.2.2　省际人口迁移网络的统计特征

2.2.2.1　度及度的分布

省份作为省际人口迁移网络节点，其度是指该节点省份与其他省份连接的边的数量，入度是指有哪些省份有较强的偏好迁入该省份，出度是指该省份的人口更偏好迁出到哪些省份。网络中度的分布用 $P(k)$ 表示，表明度为 k 的节点数量占总节点数的比重。

构建的跨省迁移网络的度为 384，平度为 2.387，即平均每个省份约与其他 13 个省份有直接的强迁移趋势联系。其中，表 2.2 为各个省份总度值、入度值以及出度值。

表 2.2　省际人口迁移网络省份节点度值

省份	度值	入度	出度	省份	度值	入度	出度
北京	27	24	3	湖北	10	1	9
天津	23	21	2	湖南	8	0	8
河北	8	4	4	广东	14	13	1
山西	8	3	5	广西	4	1	3
内蒙古	16	8	8	海南	11	10	1
辽宁	8	3	5	重庆	17	2	15
吉林	10	3	7	四川	16	2	14
黑龙江	11	2	9	贵州	12	3	9
上海	23	23	0	云南	7	3	4
江苏	14	10	4	西藏	7	4	3
浙江	17	13	4	陕西	16	5	11
安徽	8	0	8	甘肃	12	3	9
福建	15	9	6	青海	15	8	7
江西	8	0	8	宁夏	12	4	8
山东	6	2	4	新疆	10	8	2
河南	11	0	11				

图 2.1 描述出在双对数坐标下我国省际人口迁移累积分布概率(y)和网络节点省份度值(x)的分布情况,图 2.1(a)表示人口迁移网络的入度分布情况,(b)表示人口迁移网络出度分布情况,(c)表示人口迁移网络总度值的分布。(a)分布曲线在双对数坐标系中呈现复合幂律分布的一条直线形式,(b)和(c)在曲线末端符合幂律,通常人们提到某个网络具有幂律分布时,往往指的是当度值较大时分布近似具有幂律形式。图 2.1 反映出省际人口迁移网络表现出一种无标度特性,其中度值大的省份很少而绝大多数省份节点的度值都很小,这种特性表明省际人口迁移网络中各省份是以少数几个省份为核心。

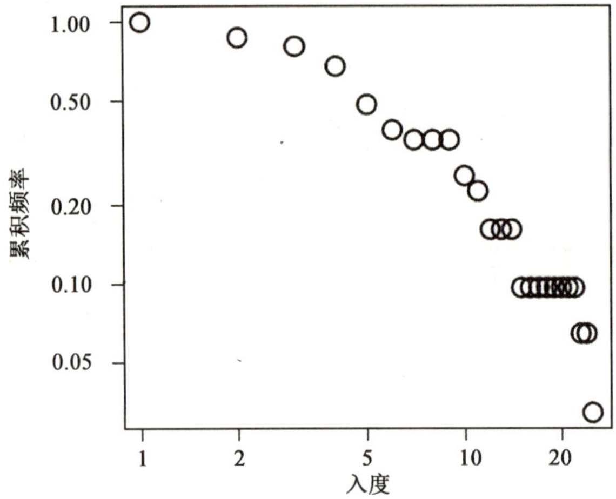

(a)

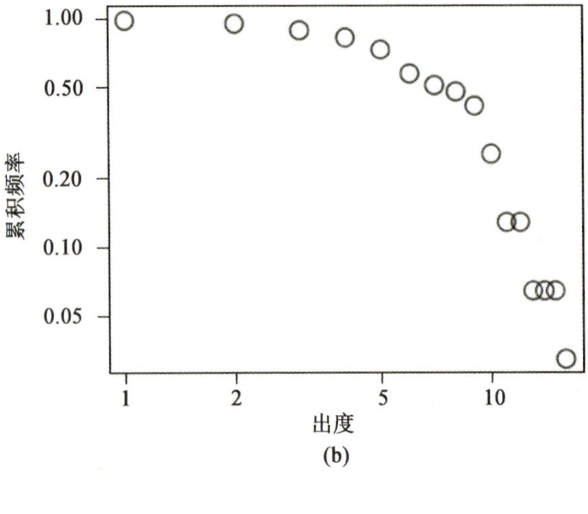

(b)

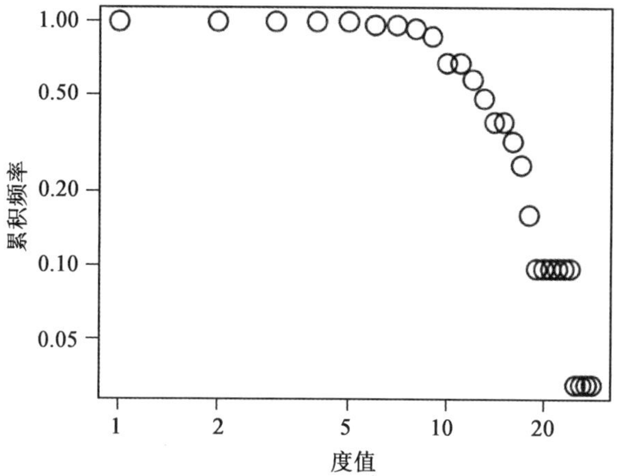

(c)

图 2.1　省际人口迁移网络累积度分布图

2.2.2.2　平均路径长度

在省际人口迁移网络中，网络平均路径长度表示两省份节点要通过多少连接就能够产生关联。通过省际人口迁移数据计算得到，平均最短路径长度仅为 3.186，表明两个节点之间的分离程度很小，平均只需要不到 4 次迁移就可以将网络中任意两个省份节点连接起来，可见我国各省份间的联系十分紧密。同时得出该网络的直径即最远的拓扑距离为 10，也就是说最多 10 次迁移将两省份节点连接起来。

2.2.2.3　聚类系数及度簇相关

聚类系数在人口迁移过程中代表节点省份与相邻节点所构成网络的平均聚集程度，代表了人口迁移网络的稠密度。在网络中，聚类系数为 0.356，要比随机网络大得多，表现出我国各省份间人口迁移的稠密性。另外，较小的平均路径长度和较大的聚类系数表明我国省际人口迁移网络是一个明显小世界网络，也就是说，即使距离相距很远的省份，它们之间的关系也很“近”。

图 2.2 为节点聚类系数与总度值在双对数坐标下的分布形式，呈现明显的幂律形式，其分布函数为 $y = 1.1957x^{-0.5162}$。较大的度值对应着较小的聚类系数，说明我国省际人口迁移网络显现出以度值较大省份为核心的“轴辐式”网络结构特征。

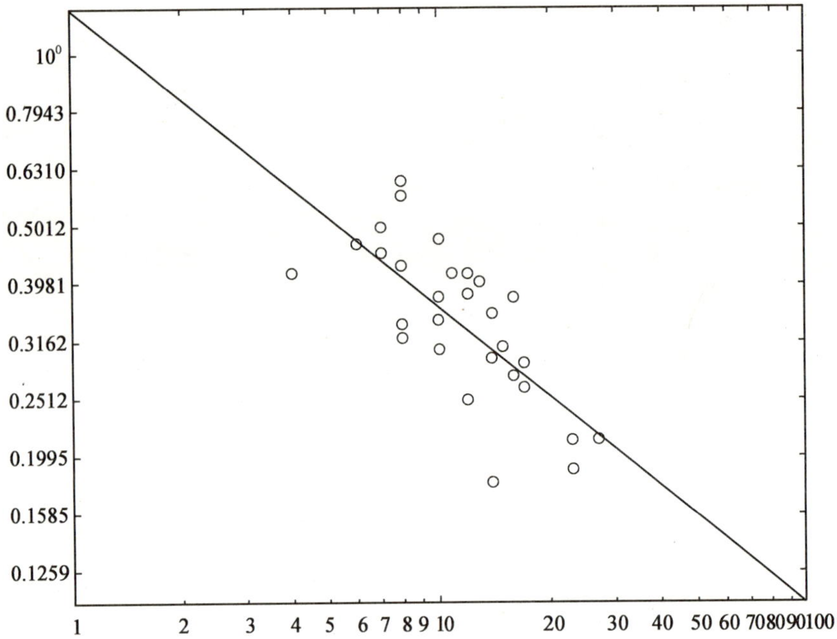

图 2.2　聚类系数对度的统计分布

2.2.2.4　权重分布及度权相关

为了更好地来描述真实网络度情况，对网络中的每一条边赋予相应的权值，权重的大小则可以反映出节点的规模及节点间的联系紧密程度。同时把边的权重 w_{ij} 重定义为从地区 i 到地区 j 人口迁移选择指数的大小，点强度记为：$S_i = \sum_{j \in v(i)} w_{ij}$，表示节点 i 所有连边的权重之和，则 $S_i^{in} = \sum_{j \in v(i)} w_{ij}$ 和 $S_i^{out} = \sum_{j \in v(i)} w_{ij}$ 分别为节点入强度和节点出强度，即综合选择迁入指数和综合选择迁出指数。图 2.3 给出了入强度(a)以及出强度(b)的累积分布，可见两条曲线尾部全都服从典型的幂律形式。

如图 2.4 所示，省际人口迁移网络中很大一部分省份的出度值较小，而且出强度分布有较大的差异，即人口迁出情况相差很大；综合选择迁出指数与省份出度值正相关且服从幂律分布。图 2.5 反映出，我国省际人口迁移网络入度数与综合选择迁入指数的关系，同样呈现出幂律分布，可见入度越大，则综合选择迁入指数越大，也就是说入度值越大的地区属于强势吸引中心。

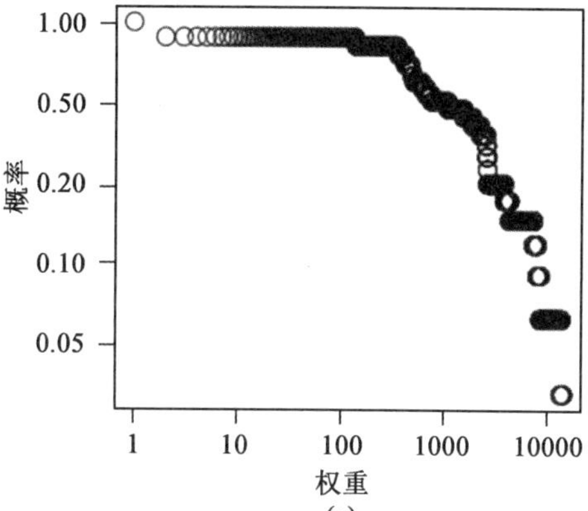

(a)

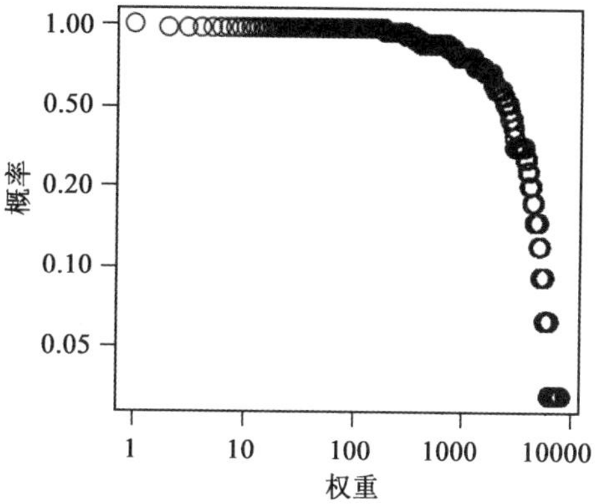

(b)

图 2.3　权重分布图

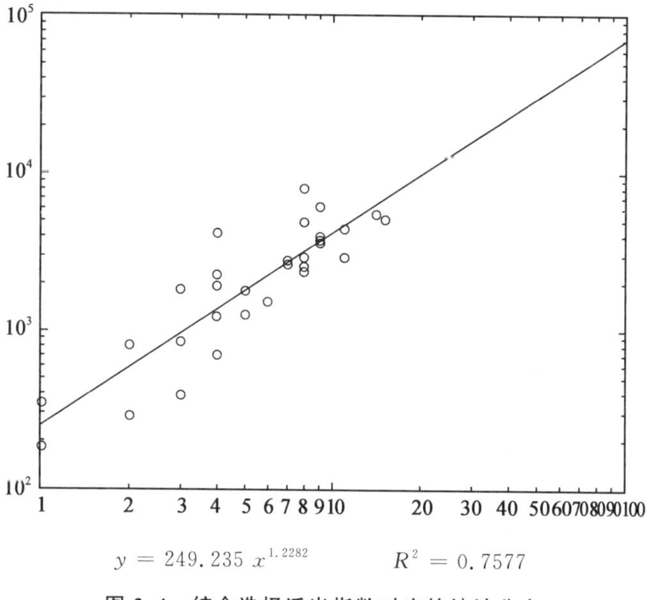

$y = 249.235\ x^{1.2282}$　　$R^2 = 0.7577$

图 2.4　综合选择迁出指数对度的统计分布

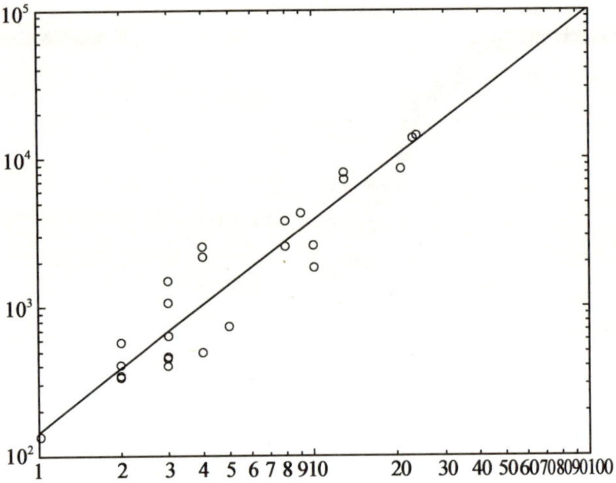

$y = 145.998\, x^{1.4137}$　　$R^2 = 0.9560$

图 2.5　综合选择迁入指数对度的统计分布

2.3　省际人口迁移网络影响因素分析

在上一节中，对我国省际人口迁移网络的结构特征的测度分析，通过省份节点间连边构成网络结构，因此，本章中将讨论构成这种网络连边结构有哪些影响因素，并且探讨这些因素如何对我国省际人口迁移网络产生影响。

2.3.1　影响因素指标选取

目前已有许多关于我国跨省迁移驱动机制的研究，认为主要影响因素包括地区经济状况、产业结构、收入水平、距离等，这些机制决定了人口选择迁移的方向、强度以及地区在跨省迁移网络中的重要性。因此拟选取行政边界(0-1)网络，定义为若两行政区域有共同边界则记为 1，否则记为 0；人均 GDP、第三产业产值比重、就业人员平均工资、省份间距离、人类发展指数以及生态建设指数的差值网络作为解释变量，反映出这些指标在发出地与目的地之间的属性差别。为了消除各个网络数据带来的量纲影响，首先用归一化的方法对自变量中差值矩阵进行处理，再使用 QAP(Quadratic Assignment Procedure)算法对我国跨省迁移的驱动机制进行分析。

首先，用各地区人均GDP来表示地区经济状况，地区经济状况往往被认为是影响迁移流动最主要的因素。选用人均GDP是反映经济规模的变量，经济规模较大的省份一般具有较强的人口吸引力，能够吸引大多数省份的人口迁移到此，成为网络中度值较高的重要节点。如果两省份间人均GDP的差值越大表明经济发展水平所产生的影响越大。

接下来，用第三产业产值比重来反映产业结构对人口迁移产生的影响。随着产业结构的转型和优化升级，制造业比重的下降、信息业和服务业比重的提升，劳动生产效率也大幅度提升。因此对人才的需求逐步替代了对劳动力的需求，相应的对迁移机制也产生了一定程度的影响。在产业升级和结构调整、技术创新等经济领域投入必要的资金将能带来巨大的潜在收益，例如，增加城市所需的就业机会、增强城市企业竞争力以及促进城市和城市集群间的经济互补性。

其次，选用就业人员平均工资作为收入差距的代表。经济水平用人均GDP来表示，而一个地区国民收入水平则用就业人员平均工资来体现。人口迁移流动是为了带来更优越的生活，而收入水平正是优质生活条件的直接体现，因而收入水平高的地区则会产生较大的人口吸引力，相反收入水平低的地区产生较大的推力。

同样，省份间的距离一直以来都是影响人口迁移不可或缺的研究重点，通过引力模型等可以很清楚地反映人口迁移的距离衰减效应，一般认为两地区之间距离越近，那么两地区间就会产生大量的人口迁移流，这也正是符合就近迁移的现状。另一方面，两行政区域间是否有共同边界也被看作是一种变形的距离影响因素，由于对迁移成本和文化习俗考量，一般会选择迁向邻居省份，因此本章将该省份间的距离作为解释变量进行分析。

此外，人类发展指数(Human Development Index，HDI)①很好的体现一个省份所产生的人口迁移拉力大小。HDI是一个衡量地区综合发展水平的指标，其不仅仅涵盖了生活水平，还包括了居民健康水平(预期寿命)和教育水平等指标，将经济指标与社会指标相结合，揭示了经济增长与社会发展的不平衡。伴随着中国社会的发展，GDP作为一个单纯的财富指标已不能满足人民选择生活区域的多维度要求，因此本章选取HDI指标作为一个解释变量。

最后，综合发展指数中的生态建设指数②来作为影响人口迁移的一个因素，以科学发展为主题是时代的要求，关系着改革开放和现代化建设全局。“十二五”规划建议指出，经济转型发展的着力点应放在建设环境友好型和资源节约型的社会，

① 本文所选用HDI数据来源于《中国人类发展报告》

② 本文所选用的生态建设指数来源于《地区综合发展指数报告》

坚定不移地走可持续发展道路，促进人口资源环境与社会经济共同发展。生态建设指数涉及资源消耗、二氧化碳排放以及环境治理等三方面的内容，因此用该指数可以很好地来说明环境因素对与人口迁移意向的影响，其中采用的生态建设指数来源于《地区综合指数发展报告》。

2.3.2 影响因素结果分析

通过上一小节的理论分析，QAP 回归分析结果如表 2.3 所示：

表 2.3 第六次全国人口普查跨省迁移驱动机制分析

自变量	省际人口迁移网络					
	QAP 相关分析		QAP 回归分析 1		QAP 回归分析 2	
	相关系数	*P* 值	回归系数	*P* 值	回归系数	*P* 值
人均 GDP 差值网络	0.193	0.000***	0.195	0.008**	0.241	0.000***
第三产业产值比重差值网络	0.197	0.000***	0.093	0.055	0.144	0.000***
就业人员平均工资差值网络	0.225	0.000***	0.093	0.088		
空间距离网络	−0.288	0.000***	−0.173	0.000***	−0.174	0.000***
行政边界网络	0.285	0.000***	0.255	0.000***	0.256	0.000***
HDI 差值网络	0.093	0.032*	−0.123	0.050*	−0.127	0.040*
生态建设差值网络	0.034	0.218	0.065	0.048*	0.068	0.042*

注：* 表示通过 0.05 的显著性检验，** 表示通过 0.01 的显著性检验，*** 表示通过 0.001 的显著性检验。

在 QAP 相关分析中，若各解释变量差值网络的相关系数为正，则表示迁入迁出地之间相关属性的差异越大，则人口迁移流动量越大，表现出该指标对人口迁移产生的推动力；若相关系数为负，则表示两地区间差值越大，人口迁移量越小，那么该指标则表现出一定程度阻碍人口迁移流动的约束力。分析结果说明，人均 GDP、空间距离、行政边界、第三产业产值比重和 HDI（Human Development Index）与我国跨省迁移网络呈现显著的相关性；而生态建设并没有成为主要的驱动机制，这也说明了生态环境还没有对人口迁移的意向产生较大的影响，可持续发展观念并没有人们成为生活区域选择所考量的主要因素。可见树立环境保护的理念、贯彻落实科学发展观的任务负重致远。空间距离对人口迁移产生一种相反的作用力，随着距离的增加迁移流动的阻力也随之增加，如今我国交通网络越来越快物理空间距离的约束也慢慢减弱，这种距离约束作用将会更多地体现在信息损耗与维护社会关系网络的成本上，同时两省份是否相邻与人口迁移呈现正相关关系。人均 GDP 和就业人员平均工资都与人口迁移有显著的相关关系。HDI 指数与人口迁移的相关性也较为显著，并且两地区间 HDI 指数差距越大，越能产生较高的迁移选择偏好，即较高的迁移量，这就意味着地区经济发展水平、居民健康水平和教育水平的差异对人口迁移流动有显著的影响，这也正体现了人口迁移流动是发生在个人和家庭寻求满足他们更高需求这样的基础上。

该模型中，我国省际人口迁移网络的变异中 19% 可由所上述自变量来解释，以往研究表明，同一组数据中 QAP 回归分析所确定的系数要在一定程度上低于 OLS 分析所确定的系数。本模型中一些变量通过显著性检验，可以得出空间距离差异越小、人均 GDP、生态建设指数差值越大，两省份间的迁移选择偏好性越强，迁移量越大。此外，行政边界 0-1 网络也有显著的意义，说明相邻省份间具有较强的迁移流，空间距离与行政边界所得到的结果是一致的，从迁移成本的角度来看，区域的制度可能会造成一定的迁移成本，对迁移产生一定的阻碍作用。而第三产业产值比重所产生的影响不再明显，这可能是由于经济发达的地区产业结构较为合理，相应的劳动生产率也相对较高，因此地域经济的差异使得人口不断向产业发达的地区涌入。从结果可以得出，地理距离因素差异的影响要大于其他因素，表明了距离衰减效应较为明显，当前经济社会发展阶段，地理距离仍是人口迁移驱动机制中不可忽略的因素，距离增大会增加迁移成本同时也会增大文化差异以及信息交流成本，从而造成较低的迁移选择偏好。就业人员平均工资的差异的影响不再明显，预期收入不能说明单独两区域间人口迁移量的变异，就单独相关关系而言，造成此结果的原因可能是由于将所有因素纳入模型的同时可能会纳入一些混杂因子，影响了模型的精确性。同时由于矩阵数据研究方法的影响，所构建的人口迁移矩阵仅体现了人口迁移的选择偏好，并无法完全等同于两省份间的空间对流。

通过逐步回归法来剔除一些未通过检验的无显著意义的变量。模型的解释力没有发生较大的变化，结果显示第三产业产值比重对人口迁移有显著影响，符合人口向产业结构更优的地区迁移流动的理论假设。同时，人均 GDP 的差异作用也更加显著，并且人均 GDP 的作用强度与地理距离作用强度差距缩小，故两地区间人均 GDP 差异越大，人口的流动性也相应加强。

通过对第五次人口普查数据(2000)做了 QAP 相关及回归分析，以此来比较各因素对省际人口迁移影响的变化情况。通过表 2.3 与表 2.4 中的对比结果发现，在相关分析中相对于 2000 年和 2010 年各省份 HDI 指数与我国省际人口迁移有显著相关关系；通过回归分析得到，2010 年人均 GDP 与 HDI 指数对我国省际人口迁移的影响也越发显著，生态建设的影响几乎没有发生较大变化。可见，居民健康水平(预期寿命)和教育水平也逐渐成为人们选择迁移地时重要影响因素，并且距离因素产生的影响仍旧是最主要的。

表 2.4 第五次全国人口普查跨省迁移驱动机制分析

自变量	省际人口迁移网络			
	QAP 相关分析		QAP 回归分析	
	相关系数	P 值	回归系数	P 值
人均 GDP 差值网络	0.145	0.006**	0.098	0.130
第三产业产值比重差值网络	0.17	0.001***	0.140	0.004**
空间距离网络	−0.278	0.000***	−0.148	0.001***
行政边界网络	0.311	0.000***	0.285	0.000***
HDI 差值网络	0.059	0.116	−0.035	0.339
生态建设差值网络	0.041	0.159	0.069	0.040*

注：** 表示通过 0.01 显著性检验，*** 表示通过 0.001 显著性检验。

2.4 本章小结

通过人口迁移选择指数构建出我国省际人口迁移网络，运用复杂网络统计指标对跨省迁移网络进行结构性分析，发现我国省际人口迁移网络是一个局部具有无标度特性的小世界网络，进一步证实复杂网络理论在一定程度上能够解释中国省际人口迁移网络的机制，这种机制实际上是一个优化的过程，既体现了整体人口迁移网络几何限制和拓扑优势的平衡结果，又包含了局部相关环境自组织演化发展的驱动——前者网络整体本身的演化体现出明确的全局优化，即地理上的限制和国家的宏观政策等事先已知网络结构形成的重要因素，驱使整个网络中所有省份到自己的拓扑距离变小；与此同时，后者局部相关外界环境驱使省份优先建立距离较短和相关性极强的连边，这正与人口迁移的“推力－拉力”理论相一致。我国省际人口迁移网络有着较短的平均路径长度和较大的聚类系数，尽管网络的度以及出入强度的分布未服从典型的幂律分布，但是仍然是有着和幂律分布相似性质的较为广泛分布。由于在度值较大时，聚类系数和度数呈现出幂律的形式，这表明我国省际人口迁移网络显现出以度值较大省份为核心的“轴辐式”网络结构特性。综合选择迁出和迁入指数对度值呈现出正幂律相关性，其分布的参数分别为：

1.2282 和 1.4137，可见度值对迁入的影响大于对迁出的影响。同时发现出度值越大地区属于强势迁出中心，入度值越大的地区属于强势吸引中心。

其次，基于网络数据以及结构，运用 QAP 算法对我国省际人口迁移网络的驱动机制进行分析，该算法相比较 OLS 回归更适用于矩阵数据，回归结果如下：

(1)在人口迁移的驱动机制中，距离因素仍是最显著的影响因素，包括空间距离与行政边界是否临近。由于迁移成本与文化习俗差异等使得大多数省份人口迁移意向更遵循“就近原则”，由此可见城市经济一体化程度是人口迁移无法忽略的重要影响因素，又由于行政区域的划分使资源和服务等都受到了跨区域的限制，因此需要突破行政区划的限制，以便地区间的资源配置能达到最优化，生产要素也可以在各省份间自由流动。

(2)人均 GDP、第三产业产值比重以及平均工资等因素产生的影响与以往研究相符合，这些变量与人口迁移的选择偏好即人口迁移的数量存在显著相关关系。如果这些变量在迁入地与迁出地之间差值越大，则迁移偏好性越强，说明两省份间将会有较大迁移流量。

(3)将人类发展指数 HDI 纳入影响因素中，HDI 指数是对地区经济发展水平、居民健康水平以及教育水平的综合度量，通过结果分析发现这些因素对人口迁移流动有显著的影响，体现了人口迁移流动是发生在个人和家庭寻求满足他们更高需求这样的基础上，并且居民健康水平(预期寿命)和教育水平等也逐渐成为人们选择迁移地时重要考虑因素。

(4)生态建设水平并没有成为人口迁移选择偏好的重要因素，即使将环境保护纳入基本国策，强调通过建设资源节约型、环境友好型社会来加快经济转型，但是环境因素并没有对人口迁移产生过多的影响，可见人口资源相协调发展是今后政策导向的重点。

迁移人口融入城市，实现在迁入地的生存立足，经济转型的同时人口再分布也需要进行相应的转型，这样才能增进人民福祉，不断提升人民生活质量。根据以上对本章梳理与总结，本章提出以下几点针对性的建议：

(1)持续推进人口城镇化，提升城镇化健康水平。我国省际人口迁移是以少数几个省份为核心的，只有将城镇化由这些单一的核心向多核心格局发展，这样人口的流向不再向单一核心省份地区聚集，而是转为中心地区与周边地区人口双向流动。城镇化综合体现了一个国家工业程度和文明程度，因此需要加快推进以人为核心的城镇化，引导合理的人口流动。同时要不断加强城镇化健康水平，因此需要加强各城镇的薄弱环节，重视起基础设施建设、公共服务完善、先进文化教育普及、环境保护治理，促使经济、社会、生态协调发展。

(2)建设紧凑型城市,实现人口、经济、社会和资源环境的平衡。城市密集的道路、紧凑的结构与适宜的气候环境是聚集城市人气的核心,而人气则反映一个城市的活力,因此需要认清我国人口分布与再分布的驱动机制。例如,居民健康水平以及教育水平对人口迁移的影响日益增强,经济发展水平、产业结构等持续的驱动,以及生态环境作用的逐渐突出等。因此需要统筹优化经济、社会和资源的结构,积极应对人口与环境的冲突,大力推行绿色生产生活方式,逐渐提升城市人口的承载能力,保障大中小城市的人口都能够均衡发展。同时需要切实完善户籍制度改革,确保公民自由双向迁移流动,保障非户籍子女的教育均衡问题以及非户籍人口的健康与医疗服务,如全国范围内的高考统考、全面落实异地就医直接结算等。

第3章　省际人口空间格局分析及预测

在中国30年的城镇化进程中，人口迁移一直是其最主要的实现方式和核心主题，我国省际人口迁移的研究是实现区域经济协调发展、资源公平分配以及社会和谐的重要支撑。省际人口迁移这一过程可能涉及大量人口，无论是对于迁出地还是迁入地其人口分布会产生显著变化，同时人口迁移通常是有选择性地，它与迁移人口本身和迁入地与迁出地的特征有关。人口迁移预测是深入研究人口迁移行为和社会经济与地理因素间关系的基础，特别是在出生率和死亡率急剧下降的一些发达国家，人口迁移是该地人口预测的重要构成。省际人口迁移空间格局与趋势预测研究，有助于深化对流动人口聚集规律的认识，在实践上有助于我们准确的把握中国流动人口空间格局与演化新动态，为中国社会经济发展提供参考依据。

第2章中，通过我国省际人口迁移网络的结构特征进行测度与分析，省份节点间连边构成复杂网络结构，因此在本章中来探讨构成这种网络连边结构有哪些影响因素，并且如何对我国省际人口迁移网络产生影响。本章首先采用Louvain社团发现算法对我国省际人口迁移流动的空间格局进行空间集聚以及空间分布特征展开研究，分析我国31个省份两两之间的联系强度，以及各省份人口迁移流动的强度、集聚效应和空间分布等，不仅能够更深入刻画人口迁移的空间格局，而且对于理解其流动的空间模式及其城镇化的影响也深有裨益，从而进一步为城市规划实际工作中进行人口迁移趋势预测、提高城市化水平等提供一定参考；接着将距离衰减函数引入链路预测算法将局部相似性指标与地理空间距离相结合对我国省际人口迁移趋势进行预测分析，从而探究未来跨省人口迁移模式变化的社会影响，进而提出政策启示。

3.1 省际人口迁移网络空间集聚情况

分析研究我国跨省迁移的空间集聚情况有助于把握迁移特征，因此本章从迁移流动的强度、距离、连通性和效应四个方面来选取指标对探究我国省际人口迁移的空间集聚情况。通过区位熵指标来测量各省份的人口迁移流动强度，迁移强度来刻画整体人口流动性水平；距离是地理空间分析与建模常常需要着重考虑的重要因素，距离衰减参数作为人口流动距离影响因素的一个度量指标反映我国人口迁移系统中距离影响程度；在整个人口迁移流动系统中，不同省份之间人口流量的大小有很大差别，这些差别反映区域之间的联系强度，这种联系强度可以成为分析各个区域在整个人口迁移系统的作用和预测各区域间迁移趋势有力工具，选取基尼系数和变异系数两个指标来度量连通性和各省份间联系强度；人口迁移效应用于描述迁移行为改变人类聚居模式的程度，即人口迁移对人口再分配的影响程度，人口迁移效率指数是典型人口迁移效应指标。

3.1.1 区位熵

区位熵(Location Quotient，LQ)体现一个城市接受迁移人口专门化的程度，提供了测量人口迁移流动强度的方法，体现了一个城市迁移人口就总体而言的空间集聚性。该指标计算公式为：

$$LQ=\frac{(x_i/y_i)}{(X/Y)} \tag{3.1}$$

其中，x_i 表示 i 地的迁移人口的数量，y_i 表示 i 地总人口的数量；X 表示全国迁移人口数量，Y 表示全国总人口的数量。如果 $LQ>1$ 则表示 i 地流动人口的集聚程度高于全国水准，$LQ<1$ 则表示 i 地人口迁移的集聚程度低于全国水准。LQ 值越大说明 i 地人口迁移的专门化程度越高即该地人口迁移的集聚水平越高。

通过计算得出各省份人口迁移的区位熵，如表 3.1 所示：

从表 3.1 可见经济发达的省份区位熵值更大，上海(6.051)、北京(5.573)、天津(3.588)、浙江(3.371)、广东(3.198)表明这些省份迁移人口的数量占常住人口数量的比重较大，有较高集聚性。大多数内陆地区或者常住人口数量较大的地区区位熵则较低，例如，河南(0.098)、湖南(0.171)、安徽(0.187)等。

表 3.1　我国各省份人口迁移区位熵

地区	区位熵	地区	区位熵
北京	5.573	湖北	0.275
天津	3.588	湖南	0.171
河北	0.303	广东	3.198
山西	0.405	广西	0.284
内蒙古	0.907	海南	1.053
辽宁	0.634	重庆	0.508
吉林	0.258	四川	0.218
黑龙江	0.205	贵州	0.341
上海	6.051	云南	0.417
江苏	1.456	西藏	0.855
浙江	3.371	陕西	0.405
安徽	0.187	甘肃	0.263
福建	1.814	青海	0.878
江西	0.216	宁夏	0.907
山东	0.343	新疆	1.274
河南	0.098		

3.1.2　距离衰参数

距离衰减函数 $f(d_{ij})$ 是以距离 d 为自变量的函数，用于定量描述距离因素作用，常见的距离衰减函数有指数型和幂律型两种，定义如下：

$$\text{幂律型}: f(d_{ij}) = \mathrm{C}d^{\gamma}\ (\gamma > 0) \tag{3.2}$$

$$\text{指数型}: f(d_{ij}) = \mathrm{C}e^{-\beta d}\ (\beta > 0) \tag{3.3}$$

由于省际人口网络复杂程度较低且量纲问题，因此本章通过全国各地区间人口迁移流量矩阵使用最大熵方法拟合空间相互作用模型，来衡量省际人口迁移系统中距离衰减作用。

因此，我国人口跨省份间迁移的双约束最大熵模型如下：

$$M_{ij} = A_i O_i B_j D_j d_{ij}^{-\beta} \tag{3.4}$$

其中，地区 i 向地区 j 迁移的人口规模为 M_{ij}，i 地总共的迁出规模为 O_i，j 地总共的迁入规模为 D_j，d_{ij} 是 i 地和 j 地间的距离，β 指距离衰减参数体现出距离对人口迁移流量的影响，A_i 和 B_i 则为均衡因子以确保从地区 i 迁出到各地区的人口数量之和等于它实际迁出总量；同样的，到达地区 j 的人口数量之和等于它实际的总迁入量。

一般个体在城市间的移动距离衰减参数较高，其数值在 1～2；跨城市的移动距离衰减参数一般略低。本章计算得到我国省际人口迁移发生制约模型的距离衰减参数 $\beta=0.971$，可见该距离衰减参数较高，说明距离对于人口迁移的影响比较显著，这也与上一章中所得结论距离因素是我国跨省迁移网络中最重要的驱动机制相符合。

3.1.3 基尼系数

根据基尼系数的原理，可以将其应用于分析区域间人口迁移流动的空间集聚状况，进而在空间上表示区域人口迁移流的差异程度，即空间集聚程度，其公式表示为：

$$G^T=\frac{\sum_i\sum_{j\neq i}\sum_k\sum_{l\neq k}|M_{ij}-M_{kl}|}{[2n(n-1)]\sum_i\sum_{j\neq i}M_{ij}} \tag{3.5}$$

其中，M_{ij} 和 M_{kl} 分别为 i 地迁向 j 的人口数量和 k 地迁向 l 地的人口数量，其值在 0～1，越接近 0，表明区域间人口迁移流越趋向于均匀分布；反之，越接近 1，表明区域间人口迁移流趋向于不均衡，即有较强的集聚性。通过分解可以得到各地区的迁入和迁出基尼系数：

$$G_i^{out}=\frac{\sum_{j\neq i}\sum_{l\neq i,j}|M_{ij}-M_{il}|}{2(n-2)\sum_{i\neq j}M_{ij}} \tag{3.6}$$

$$G_j^{in}=\frac{\sum_{i\neq j}\sum_{k\neq j,i}|M_{ij}-M_{kj}|}{2(n-2)\sum_{i\neq j}M_{ij}} \tag{3.7}$$

表 3.2 为我国各省份迁入与迁出基尼系数：

可见，我国大部分省份人口迁入流的集聚程度较高，西藏(0.816)大部分迁入人口来自四川，占到其所有迁入人口的 50%左右，可见其人口迁入的均衡性较低，北京(0.611)和上海(0.716)相比人口迁入不均衡性较低。内陆地区人口迁入流相对分散，由于薄弱经济和居中地理位置，使从地区迁出到这些省份的人口数相对较少，且周边较多省份发展水平相似，因此分布相比较为均匀。对于迁出基尼系数，我国省际人口迁出流的空间集中程度大于人口迁入流，而对于北京(0.571)、上海(0.688)、浙江(0.563)等经济发达地区人口迁出比较分散，意味着这些省市对全国辐射影响较大。整体上来看，我国人口迁移空间不均衡性较高，表现出较高的空间集聚特征。

表 3.2　我国省际人口迁移基尼系数

地区	迁入 gini	迁出 gini	地区	迁入 gini	迁出 gini
北京	0.611	0.571	湖北	0.575	0.742
天津	0.675	0.679	湖南	0.560	0.853
河北	0.534	0.791	广东	0.743	0.536
山西	0.640	0.646	广西	0.639	0.936
内蒙古	0.609	0.685	海南	0.589	0.761
辽宁	0.747	0.629	重庆	0.741	0.727
吉林	0.687	0.709	四川	0.533	0.694
黑龙江	0.660	0.736	贵州	0.717	0.827
上海	0.716	0.688	云南	0.727	0.729
江苏	0.722	0.753	西藏	0.816	0.660
浙江	0.724	0.563	陕西	0.547	0.613
安徽	0.569	0.824	甘肃	0.556	0.628
福建	0.747	0.634	青海	0.664	0.545
江西	0.524	0.839	宁夏	0.707	0.671
山东	0.591	0.668	新疆	0.727	0.519
河南	0.469	0.674	平均值	0.647	0.695

3.1.4　变异系数

变异系数指一个分布中标准差与均值的比率，同理，人口迁移的变异系数可以定义为：

$$CV_i = \sqrt{\frac{\sum (x_{ij} - \overline{x})^2}{n-1}} \bigg/ \overline{x} \tag{3.8}$$

其中，CV_i 表示省份 i 的变异系数，x_{ij} 表示从省份 i 迁入到省份 j 的人口数量，

$\bar{x}$ 表示平均迁移人数，n 表示所计算的省份数量即为 31。人口迁移变异系数是一个简单可行的空间集聚性测度指标，该指标值越高表明区域人口迁移流动集聚性更高，相反，该值越低则表明人口迁移流动的范围更广泛。

通过分析发现我国各省份的人口迁移变异系数如表 3.3 所示：

表 3.3　省际人口迁移变异系数(CV)

地区	迁入 CV	迁出 CV	地区	迁入 CV	迁出 CV
北京	1.363	1.479	湖北	1.190	2.227
天津	1.609	1.966	湖南	1.134	3.412
河北	1.023	2.572	广东	1.609	1.003
山西	1.389	1.517	广西	1.473	4.552
内蒙古	1.134	1.523	海南	1.146	3.139
辽宁	1.917	1.432	重庆	2.847	1.728
吉林	1.693	1.559	四川	1.406	1.729
黑龙江	1.500	1.636	贵州	1.726	2.341
上海	1.764	1.897	云南	1.760	1.851
江苏	1.966	2.641	西藏	2.748	1.917
浙江	1.488	1.421	陕西	1.119	1.352
安徽	1.128	2.281	甘肃	1.114	1.329
福建	1.649	1.602	青海	1.511	1.304
江西	0.955	2.313	宁夏	1.752	1.562
山东	1.253	1.494	新疆	1.742	0.959
河南	0.848	1.467	平均	1.582	2.160

可以看出迁出变异系数较高省份大多数位于中部地区，广西(4.552)、河北(2.572)、贵州(2.341)、江西(2.313)和安徽(2.281)，表明这些省份的迁移人口更集中迁出到某些省份。像海南(3.139)迁入到广东的人口数量几乎达到总迁出人口数量的 60%，江苏(2.641)迁移到上海的人口占到其总迁出人口的一半。大部分迁出变异系数低的省份有大量常住人口或是国家对其有针对性的政策，例如，新疆(0.959)、广东(1.003)、河南(1.467)、山东(1.494)等。

同样的，迁入变异系数高的省份则表明迁入到该地区的省份是比较集中的几个，重庆(2.847)、西藏(2.784)和江苏(1.966)，而迁入变异系数低的省份，其接纳人口的地域范围更广，相比较东西部的迁入核心地区，北京(1.363)和上海(1.764)，可以发现迁入到上海的省份更集中一些，而北京接纳迁移人口的省份更广泛一些。从平均角度来讲，我国省份之间人口迁出相比迁入更具有集聚性。

3.1.5　人口迁移效率指数

人口迁移效率指数定义为每个省份人口净迁移绝对值与人口迁移总数的比值。如果该指数绝对值越大，则人口迁移对于研究区域的人口再分布贡献越大；绝对值越小，则人口迁移的区域散布越均衡，其公式如下：

$$MEI = 100 \frac{\sum_i |D_i - O_i|}{\sum_i (D_i + O_i)} \tag{3.9}$$

其中，D_i 表示移入 i 省份总人口数，O_i 表示从 i 省份移出的人口数量。该指数的取值范围在 0～100。

通过计算得到我国省际人口迁移效率指数 $MEI = 68.73$，我国省际人口迁移对区域人口再分布的影响较大，因此对于我国人口迁移制定相应的调控政策是非常必要的，虽然生育率和死亡率的空间变化存在不同程度变化，但是跨省迁移已经成为导致人口再分配的重要机制。

3.2　我国省际人口迁移空间分布情况

3.2.1　社团发现算法

一个网络若是可以划分为许多明显的社团，那么该网络则具有一定的社团结构，并且各个社团间的连边较稀疏，而每一社团内部有着联系相对更紧密的连边。通常一个网络由多个社团构成，网络中各社团间相互作用可以很好地来体现该网络的整体功能。在省际人口迁移网络模型中，不同类型的省份构成了不同的社团，这样便于更好地探究人口跨省迁移流动的空间分布特征。

Louvain 算法对我国省际人口迁移网络进行划分，属于一种最优化模块度的启发式算法，与普通的模块度算法不同的是采用两层迭代，以由上至下的凝聚作为外层的迭代，而内层则是以凝聚外加交换策略来进行迭代，这样避免了两节点一旦合并就无法分开的不足，该算法运行速度很快，而且对一些点多边少的网络，进行社团划分效果明显。

Louvain 算法(图 3.1)在省际人口迁移网络中的应用如下:

(1)网络初始化,将每个省份看作是一个独立的社团。即,此时省际人口迁移网络共有 31 个社团。

(2)对于每一个省份节点,考虑作为其邻居节点的省份,计算将其并入到邻居节点社团后整个网络的模块度变化情况 ΔQ ,如果 $\Delta Q > 0$ 则将省份 i 移至使 ΔQ 变化最大的省份群中,否则就保持原来的划分,重复这个过程,直至 ΔQ 不在发生变化。

(3) $$\Delta Q = \left[\frac{\sum_{in} + k_{i,in}}{2M} - \left(\frac{\sum_{tot} + k_i}{2M}\right)^2\right] - \left[\frac{\sum in}{2M} - \left(\frac{\sum tot}{2M}\right)^2 - \left(\frac{k_i}{2M}\right)^2\right] \tag{3.10}$$

(4) $\sum in$ 指一个社团中所有存在边权重的总和, $\sum tot$ 指不同社团间所有存在边的权重的总和。

(5)社团归并,将上述得到的社团结构各自看作一个新的网络节点,此时连接新网络中两个节点的边的权重为原有社团间的连接权重之和,以此进行新一轮的迭代,直至网络的模块度不再增长,此时完成我国省际人口迁移的空间分布的划分。

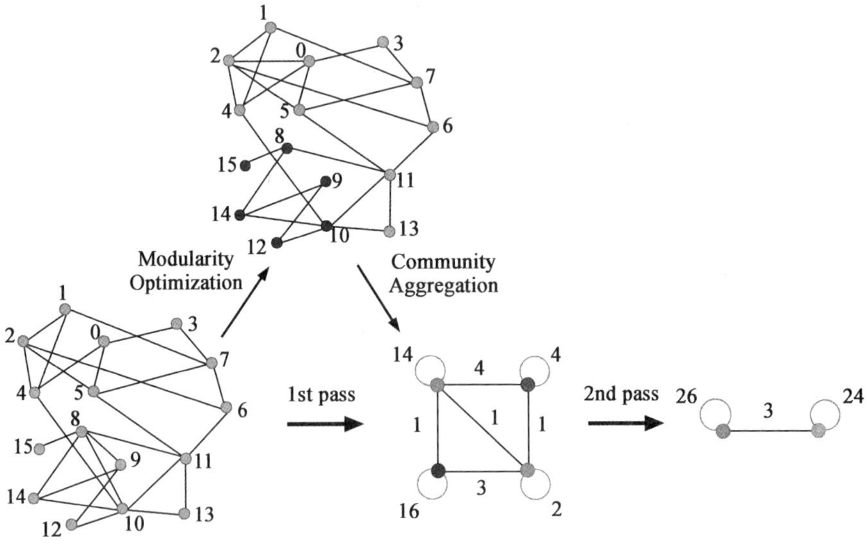

图 3.1　Louvain 算法示意图

3.2.2 空间分布情况实证分析

通过之前所构建的省际人口迁移网络进行 Louvain 社团发现，得到我国省份社团结构如表 3.4 所示：

表 3.4　省际人口迁移网络社团划分结果

社团	社团成员
一	上海，浙江，江苏，广东，福建，江西，安徽，湖南，湖北，海南，重庆，四川，贵州，广西，云南
二	陕西，河南，甘肃，宁夏，青海，新疆，西藏
三	北京，天津，河北，内蒙古，山西，山东，黑龙江，吉林，辽宁

从表 3.4 和图 3.2 可以看出，我国省际人口迁移空间分布可以大致划分为南、北、西 3 个部分，其中上海和广东属于南部迁移社团的核心省份，其中包括长三角与珠三角两区域；北方社团则是以北京为迁移核心，而陕西则作为西部社团的人口

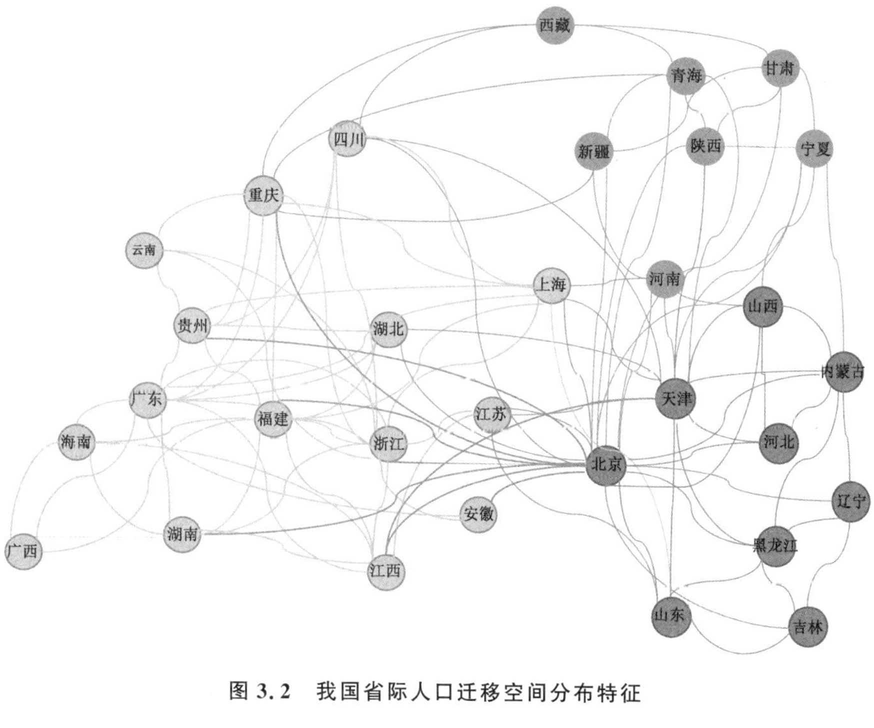

图 3.2　我国省际人口迁移空间分布特征

迁移流动核心。这种网络群体结构中，社团内部的省份间人口迁移强度较高，而社团之间人口迁移强度较弱，这种空间分布特征与我国行政区域的划分基本吻合，也符合国家发展战略。结合上一节所算出的距离衰减参数，可以明显地得出我国省际人口迁移流动基本符合“就近原则”，即迁移量随着省份间的距离增加而衰减。因此对于省份社团内部的核心省份，也就是度值较大的省份，其发展也可促进周边省份的快速发展，以促进各地区均衡发展建设更好的综合性节点地区。

根据省际人口迁移网络所得到我国人口迁移的空间格局，计算得到南、北、西三个部分的基尼系数分别为：0.782、0.719、0.627，均低于全国基尼系数 0.815，可见与整体基尼系数相比，各省份群落内部的空间不均衡性较低。同时三个社团中北方省份的迁移人口分布更为均衡，而南方省份的迁移人口更为集聚，因此对我国省际人口迁移进行相应的区域调控也是必要的，进而促进区域均衡发展。

3.3 省际人口迁移网络迁移趋势预测

3.3.1 链路预测算法

本章应用基于偏好连接指标（Preferential Attachment，PA）的链路预测方法来分析省际人口迁移趋势，通过已知人口迁移网络结构预测尚未产生连边的两个省份之间产生连接的可能性（图 3.3）。

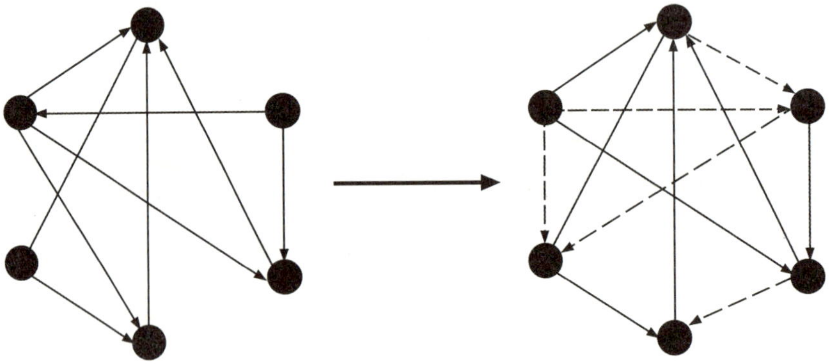

(a)随机网络　　(b)待预测的网络

图 3.3　链路预测

链路预测算法具体步骤如下：

首先，构建有向的人口迁移偏好网络。以 G' 代表人口迁移偏好网络 $G'=G'(V,E')$，$E'(G')$ 为所有省份之间人口迁移偏好程度连接集合，本章采用1956年由 Bachi 提出人口迁移选择指数构成 $E'(G')$ 与省份集合 $V(G')$ 构成了人口迁移偏好网络 G'。

接着，计算有向人口迁移偏好网络 $G'(V,E')$ 的偏好链接指标。省份的度可分为出度和入度，省份 i 的出度 k_i^{out} 是指省份 i 向其他省份的边的数目，省份 i 的入度 k_i^{in} 是指其他省份指向省份 i 的边的数目。通常来说单个省份的出度与入度并不相同，利用这一非对称性将 PA 指标扩展到有向人口迁移偏好网络。对于从省份 i 指向省份 j 的有向边 $e_{i\to j}$ 来说，其 PA 值定义为：

$$S_{i\to j}^{PA}=k_i^{out}\times k_j^{in}=\Gamma_{out}(i)\times\Gamma_{in}(j) \tag{3.11}$$

其中：$\Gamma_{out}(i)=\{x\in V, e_{i\to x}\in E'\}$ 为省份 i 迁入的省份组成的集合，$\Gamma_{in}(j)=\{x\in V, e_{x\to j}\in E'\}$ 是迁入省份 j 的省份构成的集合。从式(3.11)来看，省份 i 出度越大，说明其向外迁移人口的渠道越多；另一省份 j 入度越高，说明其对人口需求量越高。在此条件下，省份 i 的迁移人口到省份 j 的概率自然很高，即出现 $e_{i\to j}$ 的概率很大。

最后，根据偏好连接指标计算所有省份间的得分，删除已存在的省份对，将剩余省份对按照得分降序排列，得分越大说明省份 i 向省份 j 将进行人口迁移的概率越大。

3.3.2　趋势预测情况实证分析

对我国省际人口迁移网络预测未来迁移趋势，得到分值较高的缺失边链路(表3.5)。从表3.5看出，北方部分省份人口的迁移范围会扩大到长江三角洲地区且迁移量会高于全国平均水平，可见长江三角洲地区依旧会是人口的迁入中心，经济和社会的高度发展程度是长三角吸引外来人口的重要因素；贵州和湖南等省份也有向北方发达城市产生大量迁移人口的趋势。重庆和四川两地区人口参与迁移的积极性很强，分别有15个和14个省份对这两个地区流出人口的吸引力强于全国平均水平，占到了全国前两位。由此可见在预测到的缺失链路中，重庆和四川会有大量的人口迁入到陕西和内蒙古的可信度较高。另外，河南→河北、河南→陕西、重庆→陕西、四川→陕西、浙江→福建、陕西→山西等这些行政边界相邻省份未来会产生较强的迁移趋势。在未来一段时期内，我国跨省迁移的区域模式不会发生重大的变化，虽然人口迁移的范围目前还是遵循“就近原则”，但未来南北方的融合趋势也逐渐明朗起来,其中社会政治文化因素对人口迁移选择的影响也逐渐加深。可见,政府制定的区域发展战略,在市场的推动下区域经济环境变化以及交通愈发便捷将减弱空间因素影响等方面,致使我国人口跨省迁移区域性的模式发生了一定程度局部性变化。可以很明显地看出,长江三角洲地区依旧成为重点迁入地,这些区域经济发展迅速,工资水平具备极强的吸引力,同时人口受教育程度不断提升也进一步反哺这些地区的发展。同时,陕西省的吸引力也较为强劲,这与一带一路战略的实施有很大的关联,无论从丝绸之路中心线:连云港—郑州—西安—兰州—新疆—中亚—欧洲,还是从其中线:北京—郑州—西安—乌鲁木齐—阿富汗—哈萨克斯坦—匈牙利—巴黎来看,在丝绸之路经济带中河南的郑州和陕西的西安两座城市将发挥着极其重要的作用,这也大大印证了陕西未来将会有较强的人口吸引力。值得注意的是,内蒙古的人口吸引力也逐渐加强,通过上一章中的分析发现教育等因素对人口迁移等影响越发的显著,于是在宏观角度上,对于大学生的迁移流向总是与总体人口迁移方向基本保持一致,有研究表明,内蒙古自治区净流入率在31个省份中排到了第五位,成为大学生净流入的省份,可见部分中西部地区人口流失现象有放缓的迹象,高素质人口的流入也为这些省市的经济发展带来契机。

表3.5 缺失边链路

迁出地	迁入地	相似性得分	迁出地	迁入地	相似性得分
湖南	天津	36.368	山东	浙江	21.098
河南	内蒙古	34.815	陕西	河北	20.195
内蒙古	上海	34.735	重庆	内蒙古	19.967
湖南	江苏	32.522	四川	内蒙古	19.715
河北	上海	31.069	贵州	天津	19.036
河南	河北	29.321	陕西	福建	19.018
河南	陕西	27.662	浙江	福建	18.458
重庆	陕西	26.362	陕西	山西	18.393
四川	陕西	25.803	内蒙古	浙江	18.077
福建	江苏	23.485	内蒙古	江苏	17.847

链路预测算法的相似性指标也可以用来评价网络中已有连边其存在的可信度及重要性。如果一条已知连边通过算法得到其存在的可能性较低,而其确实在网络中被观察到,那么这条边在该网络中起到了重要的作用。通过计算发现,西藏→四川、内蒙古→黑龙江、云南→福建、湖南→广西、西藏→青海,这些已知的连边存

在的可能性较低,但是这些省份不但地理位置毗邻并且它们之间产生了大量的迁移人口。四川是西藏人口的首选目的地,迁出到四川的人口达到了总迁出人数的35%;在广西的外来人口中,来自湖南人口占比最大,占到24.2%;由于西藏和青海的地理位置深入内陆,它们之间人口迁移的活跃程度相对较高。我们结合该算法和实际情况发现,这些连边在整个网络中具有特定功能并且对网络的连通性起到了非常重要的作用,省份间的连通程度可以很好地来体现各地区的功能和省份间的空间相互作用。可见,上述每对省份节点间相互作用力较强,未来一段时间内仍旧会产生大量的迁移人口,这一趋势在短期内不会改变。

为了说明人口迁移趋势预测效果,本章将第五次人口普查数据作为训练集和第六次人口普查数据作为测试集来进行验证,选取精确度(Precision)指标来评价链路预测算法。即在给定真实人口迁移偏好网络中,把第六次人口普查中人口迁移连边集合为 E_{new},在给定PA阈值下选取第五次人口普查的链路预测结果的连边集合为 E_{Pre},比较 E_{new} 与 E_{Pre} 找出其相同的连边,就可以评估预测人口移趋势的准确程度,则Precision定义为:$\text{Precision}=\frac{|E_{new}\cap E_{Pre}|}{n}\times 100\%$,其中 n 为 E_{Pre} 中连边数目,显然Precision越大说明人口迁移趋势的预测越准确。结果发现当关注集合 L 中得分大于25的预测迁移趋势时,Precision值为80%;当关注得分大于30的预测迁移趋势时,所得到的Precision达到100%,其中:陕西、湖南都有大量的人口迁入到上海的趋势;重庆未来更偏好选择青海和天津为迁入省份;江西和宁夏也更倾向于向天津迁移;河南、湖北和陕西的人口偏好迁入江苏,北京、浙江将分别成为贵州和陕西大量人口的迁入地,而陕西对河北、青海对宁夏以及河南对福建都有强迁移趋势。这些人口迁移趋势在六普数据构成的人口迁移偏好网络中产生了连边,即这些迁移趋势在第六次人口普查中都高于全国的平均迁移水平,这进一步证实链路预测算法的准确性和可行性。

3.4　本章小结

本章主要应用复杂网络理论分析方法,从空间集聚和分布两方面对我国省际人口迁移的空间格局进行分析,得到如下结论:

(1)经济发达的省份人口迁移的专门化程度较内陆省份更高,即这些省份迁移的人口占常住人口的比重较高;从基尼系数和变异系数都可以体现出,我国省际人口迁出流的空间集中程度大于人口迁入流,空间不均衡性更为突出,这也表明迁出人口的指向性更强;通过人口迁移效率指数发现各省份之间人口迁移对人口再分布的影响较大，因此可采取针对性的政策来对跨省迁移进行调控。

(2)我国省际人口迁移网络：可划分为南、北、西3个区域，这种区域划分与我国发展战略相一致，更好地响应“十三五”规划中加快城市群建设发展，增强中心城市辐射带动功能的政策。人口迁移规模大的中心枢纽发展也能够加速周边较落后省份和城市的发展，这样则可以引导人口逐步流向中小城市，缓解大城市的人口压力。我国省际人口迁移重心偏向于东部地区，广东、浙江、江苏、安徽、四川等省份为人口迁移网络的中心枢纽。这些中心枢纽要合理规划人口管理，加强其交通设施等建设，协调其迁移人口与本地人口的社会及利益关系。

对我国省际人口迁移网络采用链路预测算法来对未来人口迁移趋势进行预测。通过局部相似性指标与两省份间的距离因素相结合，即将距离衰减函数纳入节点局部信息中，预测得到我国省际人口迁移趋势。2010年全国人口普查数据所构建的迁移网络的预测结果有：河南→河北、河南→陕西、重庆→陕西、四川→陕西、浙江→福建、陕西→山西等这些行政边界相邻省份未来会产生较强的迁移趋势，可见在未来一段时间内，我国跨省迁移的区域模式产生重大变化的可能性较小。虽然人口迁移的范围目前还是遵循“就近原则”，但根据结果得到湖南人口对天津有强迁移趋势、贵州人口对北京有强迁移趋势，而内蒙古以及河北对上海也会有强迁移趋势，可见未来南北方的融合趋势也逐渐明朗起来，这种社会政治文化因素所产生的影响也逐渐加深。对于人口迁移，经济因素固然重要，但其他许多社会文化方面的因素也不可或缺，而缩小区域间的差距，不仅要从经济方面入手，也要从文化方面着手。同时由于“一带一路”倡议、京津冀协同发展战略的实施，也将会带来部分省份人口迁移趋势的变化。因此需要坚决响应国家发展战略，进一步将缩小地区间的差距纳入促进整个社会制度体系的建设中去，进而引导更合理的人口再分布。

第4章　移动大数据下流动人口估计及其空间格局分析

我国流动人口数量巨大，人口流动性仍将持续活跃，这不仅对流动人口的个人及家庭产生影响，还会从多个方面影响着流出地和流入地的经济社会发展。已有的流动人口空间格局及其演变机制相关研究中，大多以省级单元为研究尺度，从地级市尺度展开分析能够更精确的刻画流动人口空间集聚特征进行。因此，及时、准确地获取地级市尺度人口流动信息，掌握流动人口的数量规模和特征，有效地对人口流动性进行监测估计，有着十分重要的作用。面对流动人口复杂的结构、不确定的流动周期、多变的流动轨迹等多方面因素，我国现有的流动人口统计制度以及各种监测手段无法即时获取到各省市地区流动人口规模、特征和发展规律的统计数据，不能满足政府和社会各方对统计数据的需求，流动人口相关的统计方法和相关制度都亟待改进。因此如何改进并丰富现有的流动人口调查与统计方法，使得统计部门的流动人口数据能满足社会各方对数据的需求就成为亟待解决的重要问题。

与此同时，随着我国社会经济的发展，移动通信技术和手机技术创新发展迅速，基本上已经达到人均一部手机的程度，这使得我国的手机用户数量与人口总体数量特征已基本趋向一致。流动人口和外界联系的移动通信媒介记录数据成为流动人口在居住地的重要信息记录，这些记录可以大致反映流动人口在居住地参与社会活动的完整过程以及流动人口的行为特征。因此，运用数据挖掘和统计方法，通过对移动运营商实时积累的移动通信大数据资源的利用，分析出不同群体通信行为特征，从中找到一种更加准确、及时、有效的获取流动人口信息的方法，从而为我国的流动人口统计找到新的途径就成为需要我们解决的问题。

本章立足于移动通信运营商的即时通话记录数据，以此为出发点对流动人口进行深入测度，利用来自随机抽样某市 2014 年 20 万条移动通信数据作为移动大数据平台，改进滚雪球抽样方法来精准估计某市的流动人口占比，并利用扩展人口迁移引力模型进行精细化挖掘该市流动人口空间格局的影响因素，具有很强的理论与现实意义。本章设计的基于移动通信大数据的人口流动性测度方法与传统的流动人口调查方法可并行使用,相互补充,相互印证,为改进我国流动人口统计调查提供一个基于大数据思想的统计思路与方法。

4.1 流动人口比例的静态估计

我国流动人口数量巨大,人口流动性仍将持续活跃,这不仅对流动人口的个人及家庭产生影响,还会从多个方面影响着流出地和流入地的经济社会发展。因此,及时、准确地获取地区人口流动信息,掌握流动人口的数量规模和特征,有效地对人口流动性进行监测估计,有着十分重要的作用。因此,对于它的相关研究是极为迫切的,本章借助移动数据平台,利用滚雪球抽样方法,估计出地级市尺度流动人口比例,这样的方式较使用普查数据更为高效。

4.1.1 流动人口比例数据的获得

我国流动人口数据获得从调查设计的特点看主要有普查、抽样调查和监测登记。十年一次的全国人口普查是获取流动人口信息的最重要的来源之一,准确性较高,但是周期过长、成本较高、时效性差;监测登记是通过跟踪特定地区流动人口的信息,定期填写上报表格以反映流动人口变化的动态趋势。我国的流动人口监测方法在时效性、准确性和花费成本上与国外均存在一定的差距,缺乏对流动人口动态数据获取的有效手段,流动人口监测方法亟待完善。

关于流动人口数据的获得,段成荣等(2009)利用的是普查数据和抽样调查数据相结合的方式,这样的数据获得时间间隔较长,结果上往往具有较大的滞后性。陈新华等(2013)通过设计抽样调查方案,采用来自人口普查和抽样调查的模拟数据来对某地区的实际人口数量进行估计,从而得到了某地区的实际人口数,并使用大折刀方法对其方差、标准差以及协方差等进行了计算,从而有效利用了不同系统的登记资料,提高了流动人口数目的估计精度。范川(2013)利用抽样框、借助CGSS调查数据对居民住宅流动人口进行抽样设计,构建了利用大型社会调查完成对流动人口抽样的设计方案,得到流动人口总规模,节约了调查资源。由于传统的以普查、抽样调查和检测登记对流动人口规模的估计在时效性、成本、准确性等方面存在问题,导致流动人口统计数据难以满足理论研究和实际需要。而随着智能终端、云计算、物联网的普及,移动通信系统等平台产生了海量的数据,这些数据都能实时连续地反映用户的行为,因此越来越多的学者开始从流动人口流动性行为的大数据资源入手,基于大数据研究思想,从流动人口的行为特征出发,来进行流动人口的识别与规模研究。在利用移动通信数据进行流动人口趋势及规模估计研究方面，智勇等(2009)基于江苏省某电信运营商的移动通信大数据，从用户流动行为出发，采用描述性统计对该地区的人口总体分布以及人口流入和人口流出情况进行了分析，得到了该地区的流动人口趋势。赵时亮等(2014)从理论上提出可以借助基站信息，结合流动人口特征来计算流动人口比例，智勇等人(2009)认为在申请电话号码实名制完全普及的情况下，我们可以直接利用身份信息来计算流动人口的数量。周天绮等(2015)从移动通信大数据应用于流动人口统计研究中存在的技术问题出发，采用 Hadoop 技术构建了移动通信大数据的处理框架，并通过设计多种解决数据载入、存储与查询问题的方案来实现流动人口统计中存在的技术问题。但是，考虑到基站覆盖率和实名制信息仍未普及等原因，以上对流动人口的测算方式还不够完备。

从文献回顾不难看出，面对流动人口复杂的结构与不确定的流动周期等多方面因素，我国现有的流动人口统计制度以及各种监测手段无法即时获取到各省市地区流动人口规模、特征和发展规律的统计数据，不能满足政府和社会各方对统计数据的需求。而移动数据信息资源与人口流动性具有高度的关联性，因此通过数据挖掘方法对这些数量巨大、真实性高、价值密度低的移动大数据进行挖掘与分析，从中找到一种更加准确、及时、有效的获取流动人口信息的方法，因此，这里我们考虑利用移动通信数据。

4.1.2　滚雪球抽样估计

考虑到我们缺少流动人口的抽样框等原因，非概率抽样方法中的滚雪球抽样方法是本章我们将要借助的抽样方法。

滚雪球抽样在国外的相关文献中，常用来作为研究社会网络的方法，是一种比较受大家认可的非概率抽样方法。Coleman 首次在 1958 年提出了滚雪球抽样这一概念，Goodman(1961)则进一步对于 S 阶段 K 推荐过程的滚雪球抽样给出了定义。

滚雪球抽样法的实施过程类似于广度优先搜索算法(breadth-first search algorithm)。首先在初始网络 G_0 中随机选择一个种子节点，再选取该种子节点的所有邻居节点，定义为 L_1 层。然后选取 L_1 层中的节点的所有邻居节点(不包括上一层已选节点)，定义为 L_2 层。以此类推，直到所选节点数达到所需的样本量为止。若最后一层的节点均为已被抽取过的邻居节点，且未达到样本量，则再选择一个新的种子节点，重复上述过程。为了控制节点数量，即使最后一层的所有节点并没有选取完，只要达到样本量，我们也将停止抽样(图 4.1)，这样得到的抽样网络

记为 G_m 根据上述算法，滚雪球抽样法属于有偏抽样，由于高度数节点会有很多邻居节点，所以其被抽选中的概率会更大，滚雪球样本节点会倾向于网络中的 hub 节点，同时因此也会导致高估初始网络的度分布等网络结构特征量。

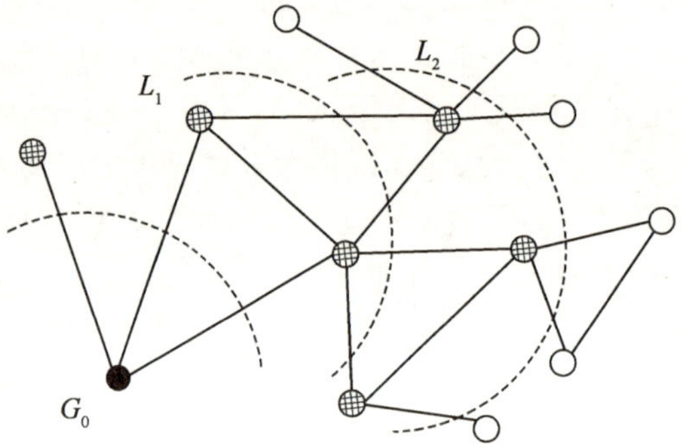

图 4.1　滚雪球抽样法

概括地讲，在滚雪球抽样中，随机选择一组调查对象。访问这些被调查者之后，再请他们提供另外一些属于所研究的目标总体的调查对象，根据所提供的线索，选择此后的调查对象。这一过程会继续下去，类似于滚雪球，被调查者的人数会越来越多，直至达到预期的样本容量，抽样过程结束。为了具体地说明滚雪球抽样方法的应用，现在举一个关于通过滚雪球方法对敏感目标总体进行估计的例子。

根据戒毒数据估计系数及目标人群数

要求社区内 60 名海洛因使用者分别给出另外 10 名海洛因使用者的名字，并提供如何识别他们的信息；结果有 7/60 的人拒绝回答，剩下的 53 个人共提名了他们熟悉的 297 名海洛因使用者；通过使用识别信息，获得 163 名无重复的海洛因使用者；然后，到当地戒毒治疗中心通过登记在册的戒毒者名单进行识别，发现共有 66 人记录在案；这样系数是 163/66＝2.5。这项研究表明在社区中的海洛因使用者人数可能是戒毒机构内戒毒人数的 2.5 倍；当时戒毒机构内戒毒人数为 800 人，故吸毒人群的估计数为 800×2.5＝2 000 人。

根据戒毒数据估计系数及目标人群数是滚雪球抽样的传统应用，但我们注意到，移动通信技术自 1987 年进入我国以来，经历了一个爆炸性增长过程，手机从当年的奢侈品变成了如今寻常的通信工具。据工信部公布的数据，截至 2013 年末，全国大陆移动通信用户达到 12.3 亿户，而全国总人口为 13.6 亿人，移动电话普及率已达每百人 90.33 部，接近人手一部手机。移动通信技术的普及，使手机用户与人口总体的统计特征已基本一致。这些移动通信用户产生了大量的数据，并且其中包含着大量有用信息，从滚雪球抽样引出的几类抽样，其特点是借助人际关系网，而这些数据的特点就是以相应的社会网络为载体，自然的，我们可以考虑把滚雪球抽样拓展到针对移动通信数据搜集工作上。

4.1.3　估计过程描述

利用滚雪球抽样获取的样本，可以通过以下过程来对总体中的两部分进行估计。

4.1.3.1　考虑利用网络结构来对总体做出估计

首先，把总体分为两组(A 和 B)，接下来估计它们各自所占总体的成分。利用矩阵 X 来表示网络结构所包含信息，如果第 i 个人和第 j 个人之间有关系，则元素 $X_{ij}=1$，否则 $X_{ij}=0$。我们定义 $d_i=\sum_j x_{ij}$ 表示第 i 个人拥有的所有关系数。我们用 R_A 表示 A 组中个体所拥有总关系数，N_A 表示 A 组中的人数，D_A 表示 A 组成员拥有的平均关系数，则有以下等式：

$$R_A=\sum_{i\subset A}d_i=N_A\cdot D_A \tag{4.1}$$

同理，有：

$$R_B=\sum_{i\in B}d_i=N_B\cdot D_B \tag{4.2}$$

其中，T_{AB} 表示 A 组中的成员和 B 组中的成员之间所存在的关系数，很容易可知，$T_{AB}=T_{BA}$。$C_{A,B}$ 表示由 A 组成员出发的关系中随机挑选一组关系，其中连接这个关系的分别是 A 组中的成员和 B 组中的成员的概率，那么有：

$$C_{A,B}=T_{AB}/R_A \tag{4.3}$$

同理，$C_{B,A}$ 表示从由 B 组成员出发的关系中随机的挑选一组关系，连接这个关系的分别是 A 组中成员和 B 组中成员的概率，有：

$$C_{B,A}=T_{BA}/R_B \tag{4.4}$$

依据公式(4.2)和(4.3)有

$$R_A\cdot C_{A,B}=T_{AB} \tag{4.5}$$

$$R_B\cdot C_{B,A}=T_{BA} \tag{4.6}$$

又已知 $T_{AB}=T_{BA}$，所以有：

$$R_A \cdot C_{A,B} = R_B \cdot C_{B,A} \tag{4.7}$$

将(4.1)式和(4.2)式代入(4.7)式，有：

$$N_A \cdot D_A \cdot C_{A,B} = N_B \cdot D_B \cdot C_{B,A} \tag{4.8}$$

把公式(4.8)式两边同时除以总体规模 N，则有：

$$(N_A/N) \cdot D_C \cdot C_{A,B} = (N_B/N) \cdot D_B \cdot C_{B,A} \tag{4.9}$$

令 PP_A 和 PP_B 分别表示 A 组和 B 组成员数占总体比例，即 $PP_A = N_A/N$，$PP_B = N_B/N$，有：

$$PP_A \cdot D_A \cdot C_{A,B} = PP_B \cdot D_B \cdot C_{B,A} \tag{4.10}$$

且很容易知道：

$$PP_A + PP_B = 1 \tag{4.11}$$

此外，已知：

$$N = N_A + N_B \tag{4.12}$$

所以，有：

$$PP_A = \frac{N_A}{N_A + N_B} \tag{4.13}$$

$$PP_B = \frac{N_B}{N_A + N_B} \tag{4.14}$$

则，将(4.1)式和(4.3)式代入(4.13)式，因为 $T_{AB} = T_{BA}$，则有：

$$PP_A = \frac{D_B \cdot C_{B,A}}{D_A \cdot C_{A,B} + D_B \cdot C_{B,A}} \tag{4.15}$$

同理，将(4.2)式和(4.4)式代入(4.14)式，有：

$$PP_B = \frac{D_A \cdot C_{A,B}}{D_A \cdot C_{A,B} + D_B \cdot C_{B,A}} \tag{4.16}$$

这样就求出总体中第 2 组成员的占比表达式。需要强调的是，以上等式在仅在对称关系的网络结构中成立。

4.1.3.2 下面通过样本来估计总体的网络结构

首先做一些假定：

假定两个个体之间关系是相互；

抽样过程是可放回抽样；

隐藏人群构成了一个网络结构；

种子会随机地选择符合要求的同伴回答问题；

种子入选的概率与其拥有的朋友数成比例。

把样本中推荐关系分为4类，r_{AA} 表示A组中个体推荐A组中的个体数，r_{AB} 表示A组中个体推荐B组中的个体数，r_{BB} 表示B组中个体推荐B组中的个体数，r_{BA} 表示B组中个体推荐A组中的个体数。

在以上假定下，则存在 $C_{A,B}$ 和 $C_{B,A}$ 的无偏估计（Heckathorn，2004）：

$$\hat{C}_{A,B}=\frac{r_{AB}}{r_{AA}+r_{AB}} \tag{4.17}$$

$$\hat{C}_{B,A}=\frac{r_{BA}}{r_{BB}+r_{BA}} \tag{4.18}$$

现在对 D_A 和 D_B 进行估计，考虑在滚雪球抽样中，具有更多节点的人会拥有更多的机会入样，简单用加权平均法来对 D_A 和 D_B 作出估计会产生高估问题。Heckathorn（2004）提出 D_A 和 D_B 的渐进无偏估计分别为：

$$\hat{D}_A=\frac{n_A}{\sum\limits_{i=1}^{n_A}\frac{1}{d_i}} \tag{4.19}$$

$$\hat{D}_B=\frac{n_B}{\sum\limits_{i=1}^{n_B}\frac{1}{d_i}} \tag{4.20}$$

其中，n_A 和 n_B 分别表示样本中A组成员数和B组成员数。

至此，就可以利用样本信息通过对网络结构进行估计，从而完成对总体中各比例估计，即：

$$\widehat{PP}_A=\frac{\hat{D}_B\cdot\hat{C}_{B,A}}{\hat{D}_A\cdot\hat{C}_{A,B}+\hat{D}_B\cdot\hat{C}_{B,A}} \tag{4.21}$$

$$\widehat{PP}_B=\frac{\hat{D}_A\cdot\hat{C}_{A,B}}{\hat{D}_B\cdot\hat{C}_{B,A}+\hat{D}_A\cdot\hat{C}_{A,B}} \tag{4.22}$$

通过蒙特卡洛方法可以证明，无论怎么选择种子，以上估计都是渐进无偏的（Heckathorn，2004）。

4.1.4 基于移动通信平台滚雪球抽样的流动人口估计

下面就来说明,如何在移动通信数据平台上进行滚雪球抽样。

这里,将滚雪球抽样的应用范围做了一个扩展。我们把某市人口总体看作隐藏人群,把该市人口分为 2 个群体,即流动人口和非流动人口,把通话关系看作滚雪球抽样中的推荐关系,则所有有通话记录的用户则可以看作滚雪球抽样中入选样本的节点。这样,就可以利用上文提到的信息来对某市的流动人口比例做出估计。

4.1.4.1 流动人口的界定

《中华人民共和国人口与计划生育法》中定义流动人口指离开户籍所在地的县、市或者市辖区,以工作、生活为目的异地居住的成年育龄人员。但是,下列人员除外:

(1)因出差、就医、上学、旅游、探亲、访友等事由异地居住、预期将返回户籍所在地居住的人员;

(2)在直辖市、设区的市行政区域内区与区之间异地居住的人员。

本章在参考上述定义的基础上,结合移动通信数据的特点,提出了如下的流动人口判断依据:对于入选的种子而言,由于知道其身份证中居住地信息,因此可以通过身份信息来判断是否为流动人口,对于“被推荐的”节点,将以号码归属地来判断是否为流动人口。

4.1.4.2 数据描述

本章获取了某市 20 万条通话记录,由公司技术人员使用 ETL 工具从运营商的数据仓库中抓取得到的。ETL 中文名称为数据提取(extraction)、转换(transformation)和加载(loading),负责将移动运营商各底层业务源系统中分布的、异构数据源中的数据如关系数据、平面数据文件等抽取到临时中间层后进行清洗、转换、集成,最后加载到数据仓库,然后技术人员从数据仓库中检索产生本章所用数据集。考虑到数据量和处理能力,未考虑短信和上网流量数据,每一条通话记录都包含通话号码、通话起始时间、通话时长、对应号码、对应号码归属地以及本机身份信息等。

4.1.4.3 滚雪球抽样在流动人口估计中的应用

Dunbar(1992)认为人类社会中,5 人左右为亲密接触圈。依据以上理论,在选取 100 个种子后,每个种子按照推荐 5 个亲友原则来完成滚雪球抽样过程(若不足 5 个则取与其有通话记录的所有号码数)。考虑到所拥有的信息仅为某市的一部分用户的通话信息,因此滚雪球抽样过程只进行一层,把 A 看作流动人口,抽样过程示意图 4.2 如下:

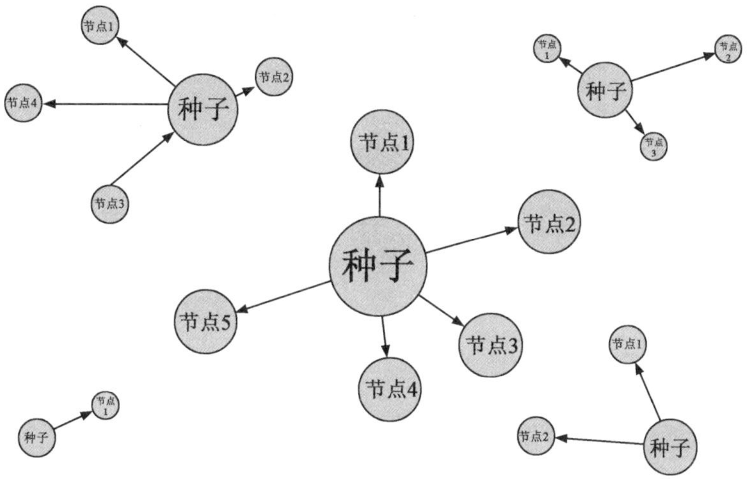

图 4.2　滚雪球抽样示意图

样本描述及估计情况见表 4.1、表 4.2：

表 4.1　样本情况

n	n_A	n_B	n_{aa}	n_{ab}	n_{ba}	n_{bb}	$\sum_{i\in A}\frac{1}{d_i}$	$\sum_{i\in B}\frac{1}{d_i}$
387	143	244	53	91	35	109	25.1428	15.0921

表 4.2　估计情况

$\hat{D}_A$	$\hat{D}_B$	$\hat{C}_{A,B}$	$\hat{C}_{B,A}$	$\widehat{PP}_A$
2.1875	2.9154	0.6319	0.2431	33.89%

根据全国第六次人口普查，以 2010 年 11 月 1 日零时为标准时点，该市的常住人口为 912.21 万人，其中市外流人口 284.22 万人，占全市常住人口的 31.16%。

考虑到数据使用的是 2014 年的数据，可以认为估计结果和真实值是相近的，将滚雪球抽样应用到对流动人口比例的估计中是可行的。

4.2　流动人口特征的动态估计

上一部分通过滚雪球抽样方法对原始数据抽样并估计流动人口比例的静态估

计,下面从人口流动的动态性对人口空间移动做出估计。以某市20万条移动通信数据为基础,分析某市流动人口的相关特征,包括以某市为核心的人口流动空间格局以及形成这种格局的影响因素。

4.2.1 人口流动的空间格局

当获取流动人口的相关数据后,对流动人口群体的相关特征分析则是学者们研究的重点。其中,对流动人口的空间格局研究是一个重要方面。

城市人口的分布与迁移和经济、社会、生态、环境等多种因素有关。国外学者在城市人口分布与人口迁移问题上做了较早的研究。在20世纪90年代之前,研究者们主要从经济方面,包括收入和就业等去找寻城市人口分布的影响因素。Hicks(1932)曾指出,地区间经济机会的差别会引起城市人口从收入低的地区流向收入高的地区。其后一些学者,诸如Sjaastad(1962)等在城市人口分布的研究中均沿用了Hicks假设。这类传统模型都假设区域间的收入差别能够反映地区间效用的差别,人口分布也正响应了这一差别。因此,这一时期城市人口分布被看成是区域间的实际工资、就业情况变化的函数。随后的以格瑞乌斯为代表的研究者们试图在经济因素之外寻找引起迁移的原因。Graves et al.(1979)首先对商品进行了区分,即可交换的商品和不可交换的商品。其中,不可交换的商品包括气候、自然环境和社会环境以及与生活质量有关的其他非收入因素。他们指出正是由于满足这些不可买的商品的需求变化引起城市人口分布变化,非经济因素对经济机会起补偿作用,区域间收入差别不能够反映区域间效用(或实际消费水平)的差别。人们为了满足对生活质量或与舒适程度有关的这些不可买的商品的需求,通过迁移从而形成一定人口分布格局,但是上述情况是否发生作用还是受国家或地区经济发展水平的制约。

在进行具体的分析之前,为简化研究,提出以下两点假设:

假设一:某市的流动人口与外地(对方电话号码归属地非本市)的电话联系是与家人的联系;

假设二:上述联系均发生在晚间(18:00—24:00),且通话时长都保持在10~30分钟。

通过假设一可以基本确定流动人口的来源,假设二是为了进一步巩固所做的假设一,因为在外地工作的流动人口与家人的联系一般发生在非工作时间,即晚间,并且与家人的通话时间既不会太短也不会太长。同样假设二为后续分析时的抽样提供了便利。

上述两假设确定了分析流动人口来源的筛选原则,本章以之前估计的流动人群为基础，结合原数据的两个指标：通话起始时段（晚间）和通话时间（10～30 分钟）确定的筛选条件，留下的流动人口样本数目为 1 322 个，除去对方是固话无法查询归属地之外的样本外，最终确定的流动人口样本数为 1 244 个。

对这些样本的号码归属地进行查询，并进行分省汇总，得到的流动人口分省流动情况如表 4.3 所示：

表 4.3　样本分省的流动人口情况

来源省份	流动人口数（人）	所占比例（%）	来源省份	流动人口数（人）	所占比例（%）
江西	148	11.90	广西	17	1.37
浙江	145	11.66	河北	17	1.37
安徽	114	9.16	陕西	10	0.80
湖北	112	9.00	新疆	8	0.64
广东	108	8.68	甘肃	6	0.48
河南	92	7.40	黑龙江	6	0.48
贵州	88	7.07	天津	6	0.48
湖南	72	5.79	辽宁	4	0.32
福建	53	4.26	山西	4	0.32
江苏	50	4.02	吉林	3	0.24
四川	50	4.02	内蒙古	3	0.24
上海	41	3.30	青海	3	0.24
重庆	23	1.85	海南	2	0.16
云南	20	1.61	宁夏	1	0.08
山东	19	1.53	西藏	1	0.08
北京	18	1.45	合计	1244	100

基于上表中的流动人口比例结果，如图 4.3 所示的流动人口辐射图以及空间格局图。图 4.4 中各地区颜色的深浅代表了某市来自该地区的流动人口的多少。从图 4.3 中看，还是核心区周边地区的流动人口较为密集，越向外围扩散，各地区流入核心区的人口越来越少。但这并不是绝对的，还与流动人口来源地区的自身发展因素有关。

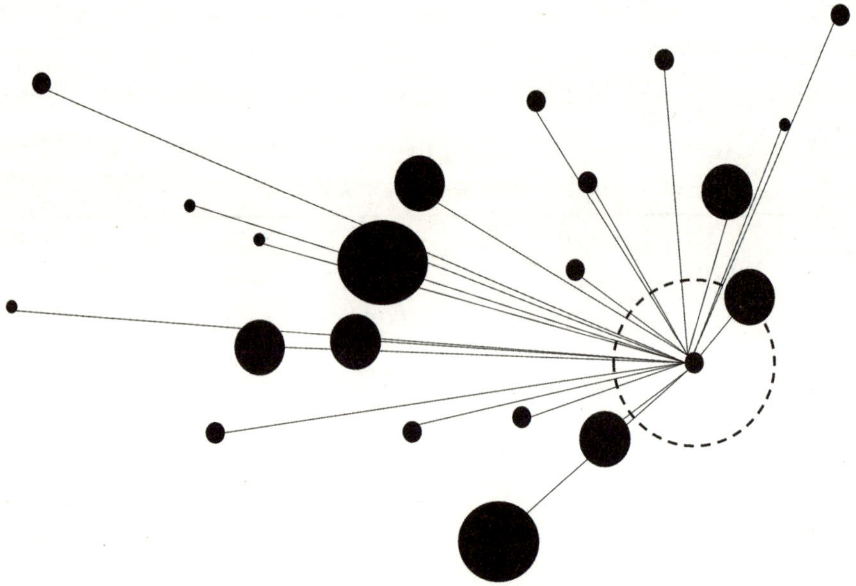

图 4.3　以某市为核心区的流动人口辐射

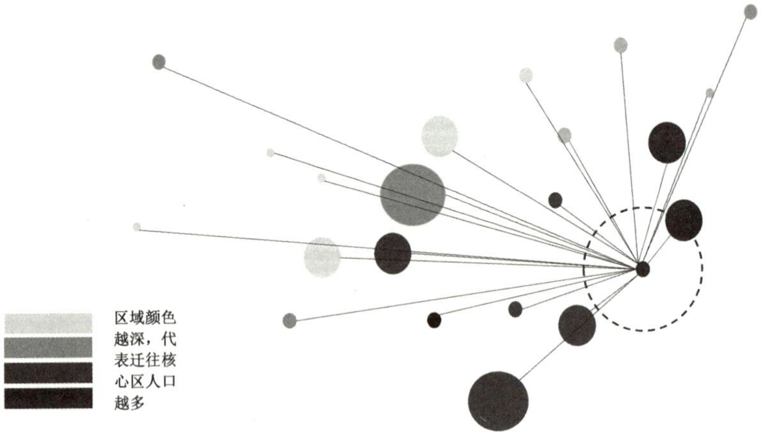

图 4.4　以某市为核心区的流动人口空间格局

4.2.2　空间格局形成的影响因素分析

空间格局是流动人口动态估计的一个延伸方向，分析的目的是要清楚周围其他地区流向某市(核心区)的流动人口的来源以及地区之间的差异，这将反映在来自各地流动人口数量以及比例上。当确定以某市为核心区的流动人口空间格局之后，进一步从宏观层面对空间格局成因进行分析，判断各影响因素比如经济、地理等，对空间格局的形成有着怎样的影响。

4.2.2.1　人口迁移引力模型

以南方某市为核心的人口流动空间格局之后，什么原因促成了这样的流动格局，本节将利用扩展人口迁移引力模型对某市人口流动格局的影响因素进行细致分析。

建立在基本引力模型的基础上，公式如下：

$$F = \frac{GM_1M_2}{R^2} \tag{4.23}$$

其中，G 为引力常量，M_1、M_2 分别代表两个物体的质量，R 代表两个物体间的距离。许多研究者常常把上式运用到人口迁移的问题上，公式(4.23)将变化为：

$$M = \frac{\kappa p_1^{\alpha 1} \kappa p_2^{\alpha 2}}{d^{\alpha 3}} \tag{4.24}$$

此时，M 代表迁移人口数，p_1、p_2 分别代表两个地区的总人口数，d 表示两地核心地区间的距离。在本章实际操作中，通过测量两省份省会城市之间的最短铁路里程来代表之间的距离。类似于物体重心概念，省会城市是一省的经济中心同时也是人口中心，而且铁路是目前我国居民中长途首选的出行方式，所以用此指标代表距离。

对(4.24)式两边同时取对数，会得到常用的弹性模型，具体形式如下：

$$\mathrm{Ln}M = k + \alpha_1 \mathrm{Ln}p_1 + \alpha_2 \mathrm{Ln}p_2 + \alpha_3 \mathrm{Ln}d \tag{4.25}$$

引力模型的变形很好地刻画了人口迁移，但忽略了诸多影响人口迁移的因素，因此也并不能说明这些因素对人口流动的影响机制。为弥补这一缺陷，Greenwood(1969)、Kau et al. (1979)等学者将经济发展水平、就业状况等因素引入模型，逐渐形成扩展的人口迁移引力模型，而且理论也逐步完善。本部分就按照这一思路，将以某市为核心的人口流动空间格局的影响因素纳入引力模型进行研究。

4.2.2.2 变量选择与模型形式

以来自各地区的流动人口比例为研究对象，首先进行经济理论分析，其他会对人口空间格局形成造成一定影响因素主要有经济、教育、地理位置等方面，以此为依据对引入模型的变量进行初步筛选。需要说明的是，因为就目前我国发展状况来看，医疗、交通等方面的因素并不是流动人员参考的主要因素，所以此处不予考虑。

经济方面，与核心区的经济发展水平以及流动人口来源地区的经济发展水平都有影响：核心区的经济发展水平越高或者流动人口来源地区的经济发展水平越低，会促进人口流动；反之，则人口流动就会减弱。此处，经济水平的高低从两方面进行衡量，首先，对流动人口吸引力最大的直接体现在迁移目的地的薪资水平，即未来的收入，高收入是其选择工作地的首要因素。由于该市流动人口大部分为私营单位就业人员，本章以城镇私营单位就业人员平均工资来代表收入高低，将迁出地与迁入地的工资差额作为收入方面的影响指标。其次，迁出地的产业结构对人口流动的影响。当前各地区都在努力调整产业结构，增加第三产业比例，促进产业结构升级。较为高级的产业结构往往会提供多样化以及更多数量的工作岗位，这同样会吸引人们为工作机会而流动。此处，各地的产业结构用产业结构高级化，即迁出地的第三产业与第二产业的比例来代表。

教育方面，其影响机制较为简单。一个地区的教育水平的高低与经济的发展水平有着很强的相关性。如果某地区平均教育水平较高，则往往意味着该地区有着较多的就业与发展机会，则会吸引外地人口的不断迁入。同时，较高的教育水平提高了求职者自身的素质，他们会考虑多方面的因素向其满意的工作地进行转移，更加促进了人口流动。如果某地区的平均教育水平越低，那么该地会出现较大规模的人口流出，因为较少的工作与发展机会，高知识分子以及体力劳动者都会选择外出寻觅就业机会。此处，选用各地区每 10 万人高等教育平均在校生数来衡量教育水平的差异。

地理方面，距离是流动人口选择迁移目的地的一个重要因素。普遍来看，流动人口通常会选择离家较近的省份或者地市找工作，较近的工作地会降低转移成本。不过这不是绝对的，有时其决策往往是在距离、收入、社会关系等多方面因素综合考虑得出的。模型中，考虑到目前我国最主要的中远途出行的方式为乘坐火车出行，所以距离因素采用各省会城市最短铁路距离来衡量，这一数据可以结合《全国铁路列车时刻表》得到。此外，我国的发展情况较其他国家尤为特殊，由于我国领土面积广阔，各省所处的地理位置有很大差异，这导致了各地长期的不均衡发展，所以必须考虑南北方差异以及东中西部差异。在建立模型时尝试设置虚拟变量来衡量南北差异，借助两个虚拟变量来体现东中西部省份间的不同。

综上所述，除基本的影响因素—迁出地的人口规模外，模型将主要考虑三方面的差异：经济发展水平差异、教育水平差异和地理位置差异。所确定的变量如表 4.4 所示：

表 4.4　人口流动空间格局影响因素模型的变量表

主要方面	变量名称	变量阐述
人口	人口规模(p)	迁出地的人口规模
经济	收入差异(wag)	两地城镇私营单位就业人员平均工资之比
	产业结构(ind)	迁出地的第三产业与第二产业之比
教育	教育水平(edu)	迁出地每 10 万人高等教育平均在校生数
地理	距离(rail)	两地省会城市最短铁路距离
	南北属性	D_1(0 代表“南”,1 代表“北”)
		D_2(1 代表“东”，0 代表“中”或“西”)
	东中西属性	D_3(1 代表“中”，0 代表“东”或“西”)
		D_2 为 0，且 D_3 为 0

结合上述变量，所研究的扩展的人口迁移引力模型形式如下：

$$\text{Ln}M = \beta_1 + \beta_2 \text{Ln}p_1 + \beta_3 \text{Ln}wag + \beta_4 \text{Ln}ind + \beta_5 \text{Ln}edu + \beta_6 \text{Ln}rail + \alpha_1 D_1 + \alpha_2 D_2 + \alpha_3 D_3 + \varepsilon \tag{4.26}$$

需要说明的是，在理论模型中人口迁移与迁出地与迁入地的人口规模都有关系，但由于是以来源省的流动人口比例作为被解释变量，因此核心区的人口规模在模型中变为常量，退化至模型的截距项之中，所以没有在模型中得以体现，下面进行实证分析。

4.2.2.3　模型结果

由于来源省的流动人口比例是通过某市 2014 年的移动通信数据得到的，所以确定了参与人口流动结果成因研究的解释变量数据应为 2013 年截面数据。模型的估计结果如下：

$$\begin{aligned}LnM = {} & 4.45 + 1.12Lnp + 1.47Lnwag + 0.51Lnind + 0.77Lnedu - 0.86Lnrail \\ & (5.65) \quad (1.42) \quad (1.10) \quad (-1.32) \quad (-3.30) \\ & - 0.79D_1 - 0.90D_2 - 0.13D_3 \\ & (-2.43) \quad (-2.33) \quad (-0.35) \\ & R^2 = 0.85 \quad DW = 1.76\end{aligned}$$

从整体结果看,模型有着较高拟合程度,解释变量的符号与实际相符,而且大多数解释变量都通过了检验,因此该模型很好地解释了本章所研究的问题。

对主要变量结合估计结果分析如下:流动人口迁出地的人口规模会促进生源地区在核心区流动人口占比的提高,迁出地人口规模增长1%,会导致其在核心区流动人口占比提高1.12%;教育水平的提高会抑制迁出地人口的流出,正如在前面的分析,教育水平的提高从侧面反映当地就业机会增加,因此会抑制人口的流出,此模型中高等教育人数每增加1%,将会使得迁出地在核心区流动人口占比在原基础上下降0.77%;模型中描述地区中南北属性区别的虚拟变量表示,如果迁出地为北方地区则会抑制人口流向核心区,这样的估计结果是合理的,因为本章研究的迁入地是南方某市,实际上北方地区劳动者的确会因为距离以及生活习惯等方面的原因,不太愿意到南方地区工作,这就是此虚拟变量系数为负的原因,其他虚拟变量的解释与此类似,此处不再赘述。

4.3 流动人口政策建议

依据估计结果,某市流动人口比例为33.89%,该市的流动人口较大,属于拥有较多流动人口的城市。在考虑该市的经济社会情况时,应当充分地考虑到这一特点,在制定相关政策时也要注意这个问题。结合以某市为核心的流动人口空间格局影响因素的实证分析,可以从两方面对结果进行分析:一方面是迁出地的“推力”作用,有人口规模、经济力量(包括居民工资、产业发展状况等);另一方面是迁入地的“引力”作用,有地理条件(包括距离、南北属性等)、较高的经济力量。

由于流动人口数量逐年增加,使得城市可持续发展面临挑战,其必然会对流入地区的生态、交通、人口密度等不同方面造成影响,因此通过及时有效地对流动人口进行估计并在此基础上对流动人口的空间分布进行监控,能够在一定程度上为迁入地在流动人口的管理方面提供良好的依据。结合本章实证分析的结果,提出以下政策建议:

第一,首先当某区域的人口数量达到该地区环境最优承载力时,随着人口数量的继续增加,对该地区的使用资源效率即生态效益将会下降,尤其是对于那些具有较高生态保护价值的区域，由于人口过于密集会导致如水源、湿地、历史文化遗产等特殊生态环境遭到破坏，从而增加生态保护成本，而流动人口的流入必然会加重对生态环境的影响，因此通过对流动人口进行及时有效的估计以及对流动人口的流入方向进行监控以判断流入区不同区域的现有人口量，在此基础上，通过对不同区域制定一定的扶持政策，从而引导人口集聚密集的地区的人口向人口稀疏地区流入，从而减少人口分布对环境的消极影响，实现人口分布的生态综合效益的最大化。

第二，不同的空间尺度下，人口数量与经济发展之间具有不同相关关系，在一个较小空间尺度内人口密度与经济发展呈现反向关系，因此在具有较大的经济开发潜在价值的发展空间内过多的人口数量将会挤占良好空间资源，从而使该地区的生产效益大幅减少，而数量逐年增加流动人口必然会加剧对流入区域造成这种影响，因此，通过对流动人口分布的实时监控，制定配套与人口调控目标相适应的产业转型战略、布局引导方向以及空间管制等措施，将流动人口尽量引导到适合产业冲突较小的区域，从而提高人口分布的生产效益。

第三，通过流动人口空间布局的监控与分析，需要从国家层面对统计标准、统计指标、统计范围、统计方法等方面进行改进，在大数据背景下的政府统计提供制度保障；同时为数据的获取、使用等提供法律依据，完善法律法规，明确政府统计部门具有采集、加工大数据的职责，制定严格保护被调查者隐私的条款，加强与其相关政策研究，从而推动产业和人口同步集聚与协同发展。如能得到统计制度的保障，则可利用现有大数据资源和技术手段，取得分省、市、县、乡(社区)的详细数据，对我国流动人口的流向、流量、分布、构成等数据进行实时监测。通过流动人口空间布局可以进一步探索流动人口是否在想流入区的重点区域、重点轴带流入，以此来加强迁入地的产业、基础设施、公共设施与人口的匹配研究，实现产业、设施、资金与人口同步集聚与协同发展。

4.4　本章小结

流动人口及其社会融入是社会发展进程中面临的难题，对流动人口的研究不仅能够直接服务于我国社会管理工作，更将助力于城市建设和未来发展。随着我国城市化进程和发展的加速，城市中的流动人口已经成为城市中不可缺少的群体。然而，以农民工、外来工为主体的流动人口普遍受教育程度不高，主人翁意识较低，不公平现象时有发生，常常被排除在城市市民外的边缘。近年来社会保障体系等一系列对城市弱势群体的补救措施开始关注流动人口，政府要想提升精准的社保政策的可操作性,就要对流动人口的比例估计、空间格局、影响因素等方面进行深入分析。

本章利用来自随机抽样某市 2014 年 20 万条移动通信数据作为移动大数据平台,改进滚雪球抽样方法来精准估计地级市尺度的流动人口占比,并利用扩展人口迁移引力模型进行精细化挖掘该市流动人口空间格局的影响因素。实证结果显示,该市 2014 年流动人口比例估计值为 33.89%,而该市 2010 年人口普查的流动人口比例为 31.16%,由于考虑到近年来该城市流动人口呈现不断增加,因此该结果充分的验证了本章改进滚雪球抽样的准确性,该估计方法值得推广。同时,人口迁移引力模型结果发现:该市流动人口空间格局的形成受迁出地人口规模、受教育程度和地理因素的显著性影响。从具体操作层面来说,首先流动人口问题引发的社会矛盾和社会管理问题逐步显现,比如流动人口困苦的生存境况、当地人的排外主义等,政府应该给予足够的重视;其次,应积极利用现有的有效数据平台对流动人口规模做出精准估计及精细化特征挖掘;最后,有针对性合理控制地区的流动人口数量以达到该地区环境的最优承载力,精准制定出台符合实际工作的具体措施,并积极付诸实施,为新时期我国社会弱势群体问题的最终化解做出积极的贡献。

第5章　通信大数据下白日人口轨迹研究

智能手机已越来越成为人们生活与工作中不可缺少的一部分，随时随地在获取并记录着用户的个人通讯记录、移动位置等信息。其中，移动轨迹及位置信息记录了用户在一段时间内所经过以及停留的地理信息。移动位置信息在一定程度上反映了用户的生活习惯、社会关系、兴趣爱好等。结合用户移动规律，可以帮助预测出用户的移动趋势以及下一时刻的位置，能够更多地掌握人类的移动行为信息便能够更好地服务于人类的生活，因而具有较大的应用价值。在此背景下，本章利用手机端用户数据从个体尺度视角下建立了轨迹预测模型并对其应用进行了分析。

本章的研究目的主要有两个：第一，利用手机端搜集到的移动轨迹数据构建人口轨迹预测模型；第二，探讨人口轨迹预测模型的应用价值，在预测模型的基础上分析人口的出行规律和活动范围，并实现对区域的主要功能的识别。首先，本章介绍并总结归纳了白日人口出行规律、人类地点空间活动模型及其应用前景，依据统计学方法，综合运用小波分析和 LSTM（Long Short-Term Memory，长短期记忆）神经网络构建人口轨迹预测模型；其次，探讨人口轨迹预测模型的应用价值，在预测模型的基础上运用层析聚类法分析人口的出行规律和活动范围，并实现对区域的主要功能的识别。这不仅可以帮助广告商针对目标群体投放广告、店铺选址，具有较大的经济价值，同时可以为城市规划、交通运输等部门提供参考，提高社会资源的利用率，对于城市的建设已经开始由数字化、信息化逐步演变到了智慧化和智能化，为智慧城市构建提供理论基础。

5.1　背景与意义

5.1.1　研究背景

城市区域的人口密度较大，准确及时地掌握城市人口的空间分布及移动趋势，是解决城市发展规划中各项问题的重要依据。随着城市的发展,城市功能区的活力已经不仅仅依赖于常住人口上,更多地依赖于经济人口。根据我国统计制度,经济活动人口是指所有年龄在16岁及以上,在一定时期内为各种经济生产和服务活动提供劳动力供给的人口。这些人被视为实际参加或要求参加社会经济活动的人口,也称为现实的人力资源。它处于就业或失业的状态,是就业人口和失业人口之和。经济人口每天的出行特征、人流量规律性的变化都对城市中心区域的经济、社会、文化和环境等各方面,都产生着重要的影响。一个地区的人口在白天的活动规律对区域的城市规划、公共基础设施、商店选址等方面起着重要的作用,关系到人们生活的方方面面。

随着科技的发展和智能手机的兴起,通过将各种数字平台和位置感知服务收集到的移动代理数据整合到一起,可获得大量的人类行为轨迹数据。在人口移动轨迹数据的基础上,对人口的出行模式和出行规律进行研究,进而可以预测移动用户在未来任意时刻的位置信息,便可得到人口分布的相关数据。将数以万计的个人位置轨迹信息加以整合,可以得到一个地区居民的日常生活状态,结合先进的通信定位与数据处理技术,以实现城市智能化管理和运行,为城市中的人们创造更好的生活与工作环境。

随着移动互联网技术的发展,基于地理位置服务的有关分析也逐渐成了当今社会各界研究的重点。在对巨量通信数据收集和统计分析中归纳出其中有价值的信息,可以帮助用户在基于位置的服务中获得更优良的用户体验。例如,地理信息服务企业可以借助分析用户移动位置轨迹的结果,识别出地图上交通不健全的区域,发现城市中新出现的交通路段,就可以更新改进目前的地图服务系统,使虚拟服务系统以最大程度与现实的道路交通状况相拟合,从而可以获得更多用户的好评,进一步提升产品竞争力;石油公司在获得车辆的原始轨迹记录信息之后,可以分析出车流量大的位置地点,然后借此来决策哪些位置更适合开设加油站。以外,从人口的原始轨迹信息背后还可以发现关于人们之间的社会网络关系,结合推荐算法的使用可以为人们推荐旅游地点、有效广告、可能认识的好友等。

5.1.2 研究意义

我国的城镇化进程正在加速推进,城镇化是我国实现现代化的必由之路,2017年7月,国家统计局发布的数据显示,我国城市数量达到了657个,市辖区户籍人口超过100万的城市已经达到了147个。如何更好地推进城镇化进程,更好地规划城市和构建城市群必将与人们的生活息息相关。本章拟从人口的位置预测和区域功能识别等方面入手,利用移动通信数据来建立对人口的轨迹预测模型,并在此基础上分析人口出行规律和区域功能，进而对城市功能区的构建、城市交通规划提出一些建议。建立人口移动轨迹预测模型，可以达到促进城市功能升级，转变城市产业结构，达到促进城市经济发展的目的。

城市的不断发展还催生出了不同的功能区域划分，如商务、居住和文教区等，这些城市的功能区的确定与人口流动模式密切相关。利用用户的轨迹预测数据来识别城市功能，并且准确掌握这些区域的分布对促进城市经济协调发展有着极其重要的意义。利用 GPS 移动轨迹数据背后隐藏的大量信息，可以识别出一个城市中不同区域具备的功能，以及具备的各种功能的强度，这可以为城市规划者在制定城市规划方案时提供非常有价值的参考依据。

5.2　相关概念及文献综述

5.2.1　白日人口的相关研究

白日人口，即是指白天时间在特定区域内进行活动的人口。广义上讲，白日人口包括特定区域内从事各类事务的人口，并且包括不从事经济活动的居家人口。而白日人口的狭义含义就是白天的工作人口和居家人口的总和。

大多数国家则采用狭义的白日人口定义，例如，加拿大、美国对于白日人口的定义规则相对要多一些，除包含工作人口和居家人口，“白日人口＝居住人口＋通勤进入人口－通勤外出人口＋旅馆过夜住宿者＋白日旅游者”的计算方法。本章采用了白日人口的广义定义，以实现本章所提出的人口轨迹预测模型的普适性。

在国外，学者对白日人口的重视较晚，所以关于白日人口的研究历史并不长。到了二十世纪四十年代，人们在这个领域的研究才渐渐有了起色。1949 年，美国学者 Breese 详细调查了芝加哥的商业购物区在白日时间人口各方面的情况。这次调查是在一个大城市关于白日人口的一次最早、最全面的一次调查。他从统计学和生态学角度出发，估计了 1950 年的某一天中从上午七点开始的十二个小时内进入该商业购物区的总人数。除此之外，Breese 还统计了 1926 年到 1946 年二十年间的白日人口的数量，并研究分析了它的变化趋势。1952 年，Menzler 在 1949 年人们在伦敦的迁移数据的基础之上，估计了伦敦城区在白天的人口总量。

该评估报告指出，每天大约有 70 万的人口涌入伦敦的商业购物区，其结果是使伦敦的居住人口在原有的 17 万人基础之上增长了 70.8 万人。两年之后，Foley 对美国多个大城市白日人口分布特征和移动轨迹进行了研究，得出结论：在美国的大型城市，日常通勤因素是居住人口与白日人口空间分布之间存在差异的主要原因。

当历史的车轮滚入20世纪80年代，国外学者对白日人口研究的关注度有了明显上升，关注的重点也逐渐向白日人口的影响因素以及影响因素的量化方法上转移，关于这一方面的研究成果也越来越丰硕。其中，最具有代表性的是圣地亚哥的市政府展开的一系列与白日人口相关的研究。圣地亚哥市政府在1990年提出了评估较小面积的区域所拥有的白日人口的估计方法，并于2000年对当地的白日人口分布做了调查对比。该调查报告表明，在一个工作日中圣地亚哥地区会出现两次的人口转变，即上午工作地区的人口较为密集，居住区的人口则较为稀少；而到了夜晚，这种情况将发生反转。

到了21世纪的新时代，时间的流逝不但没有消减人们对白日人口研究的热情，反而使得人们在这一领域有了更多有价值的发现。尤其是政府部门的介入，使得调查白日人口的实际意义更加突显出来，其应用前景的广阔性也日益明朗。Abraham et al. 在2004年将人口的出发地和目的地类比成矩阵，运用研究矩阵的方法来研究以家庭为单位的出行计划。研究结果表明，通过合理分配主要区域在白日的个体，就可以估计出该城市中各个区域的家庭数量。2007年，Collins et al. 为了追踪人口在白日的分布状况，对该区域家庭人口调查数据库进行了大规模地调用。经过调查二人指出，调查工作日人口和周末人口对于估计小范围区域的人口数量是非常有必要的。2008年Sevtsuk对意大利罗马的白日人口进行了调查，主要针对两个问题，即人口分布的变化周期是怎样的？是以天为变化周期？是以周为变化周期？还是有着更长的周期？而且在城市的不同的区域内，人口分布的变化周期是否是相同的？研究发现，从特定区域或者整个社会的人口日常分布中可以反映出个体出行的规律性。

我国对于白日人口的仍处于起步阶段。虽然国内学术界很早就对“白日人口”和“夜间人口”进行了划分，但是却并未针对该课题有效地展开过相应的研究。迄今为止，我国关于白日人口领域的研究仍存在着许多问题，例如，缺乏系统的理论体系，前人的研究基础不扎实，现有的可参考的文献成果和研究方法也比较短缺。

1997年，高汝熹就白日人口状况进行了研究，分析的地区以日本东京的都心三区为主。同时结合当时我国上海的人口实际状况，提出了上海市中心常住居民的空心化策略，但是他的研究并没有涉及对上海白日人口的数量的统计。随后，康雯琴等(2005)针对上海卢湾区的白日人口的状况展开了研究。在这次研究中，他们首先确定了白日人口的概念、含义、以及计算口径，并以卢湾区的白日人口的一些特征为切入点，从多方面对比分析了上海与东京的白日人口，首次提出区域的发展是离不开白日人口的变化的。两位学者的此次研究是在我国城市研究方面的一次里程碑式的研究,为后来国内学者对于该领域的深入研究夯实了基础。杨海等(2011)以重庆市北碚城区为例,建立了城市土地的分类系统。该系统在建立过程中在GIS技术的支持下使用了高分辨率QuickBird遥感影像。这个系统是依据人口密度建立的,并利用实地数据进行了实证分析,进而构建了关于城市白日人口的分布模型,同时模拟出了人口密度的分布状况。

在一个城市之中,白日人口的群体和夜间人口的群体是不一样的。也就是说,白日的人口主要是一些上班族,而晚上的人口则主要是一些消费者。在白天,上班族在创造财富、创造新的精神文明,在晚上,消费者则为城市的发展增添了一些动力。因此,一个城市的发展程度和发展速度,适合白天人口的数量以及白天人口的素质文化是息息相关的。

相比国外,国内以"日"为周期的白日人口没有引起国内学者的普遍关注。目前国内对于白日人口的研究基本上以描述白天人口的状况为主,虽然关于白天人口的研究成果已经应用于许多其他领域,如商店选址、购买力的刺激、城市道路的规划等方面,但是关于白日人口总量的估计以及发展变化模式的研究仍需要许多学者的努力。

5.2.2 移动位置预测的相关研究

轨迹数据是借助于移动定位技术在用户的移动过程中采集得到的数据,通常包含采集位置、采集时间、运动速度、运动方向等属性信息。移动位置预测又叫人口轨迹预测,是依据对象的原始移动轨迹数据,对已经发生的轨迹信息的缺失地点的预测,也是对对象未来的移动轨迹数据的位置点的预测。移动位置预测技术有着重要的研究价值,可以帮助人们发现人口的动力学规律,同时有助于人们对人口迁徙、传染病的传播模式等社会问题有更深层次的理解。不仅如此,移动轨迹预测技术也是城市计算、地理信息系统、城市规划、疾病预防等领域的研究发展的重要支撑。

在移动轨迹预测技术中,通常需要训练数据集训练学习模型,用验证集来检验模型的预测效果。根据训练数据集中的轨迹是否是单一移动对象的轨迹,移动轨迹预测技术可以划分为两种,一种是个性化位置预测技术,另一种是一般化位置预测技术。顾名思义,个性化位置预测技术所采用的样本只有一个用户,所使用的数据也只是一个用户的数据,通过该用户的个性化行为来预测用户的移动轨迹。一般化的位置预测方法恰恰相反,它所研究的对象是一些用户的集合,用来训练模型的数据也是所有对象的原始轨迹数据,预测的结果仍是单一用户的未来的移动位置。

当前移动互联网以飞快的速度发展，移动互联网具有巨大的应用潜力，许多研究者仁者见仁智者见智，提出了各种各样的方法来挖掘人口移动轨迹数据中蕴藏的海量信息。由此，许多关于这一方面的研究结果层出不穷。其中，微软亚洲研究所的郑宇详细介绍了关于空间轨迹计算的研究现状、方法以及应用。不过，许多学者目前的研究重点仍旧集中在人口移动轨迹数据的挖掘方法上，而对于如何可以更加高效精准的预测人口未来的轨迹研究则甚少。目前，有关人口移动轨迹预测方法的研究主要围绕基于位置服务（Location Based Services，LBS）和智能交通两方面进行展开。

频繁模式和关联规则曾一度是研究者关注的重点，广泛应用于人口轨迹数据的预测上，与之相关的预测模型也多种多样。这类模型将用户的移动轨迹定义为一个有序序列，这种有序序列以用户的位置为元素。不过随着研究的不断深入，许多基于其他理论和方法的移动轨迹预测模型也应运而生，下面主要介绍使得预测精度有了显著提升的三种方法：

(1)Baseline 移动位置预测方法。从已有的研究结果中可知，人类的移动模式具有一定的积聚性，也就是说人口绝大多数的活动都只是集中在较小的区域中。因此，当从 Baseline 人口轨迹预测模型的输入端输入的是较为完整的用户的原始轨迹数据时，模型所输出的也是较为精准的预测结果。并且由于方法简单易懂，运行时间较少，是对人类移动行为进行预测的基础方法。该预测模型的中心思想是概率思维，即模型在运算过程中会计算各个位置点出现的次数，从待选结果中选取出现频率最高的位置点为输出结果，也就是用户在下一时刻的定位点。然而这样笼统的计算移动位置的频数的方法还是不完全可靠的，所以有学者又提出了分段统计频数的改进方法。

(2)基于决策树的移动位置预测方法。决策树不仅仅常用于对样本的分类，也常常应用于对样本的性能做出预测。它是连接对象属性与对象值的桥梁，在数据分析中常用来解决样本的分类问题。不过，决策树在人口轨迹预测中的应用由来已久，其通过寻找人类历史轨迹当中频繁出现的位置点来构造树形分支结构。这种树形分支结构是用来刻画人类移动轨迹的特征的。通过调整决策树的相关参数可以使模型的预测效果符合预期。一般而言，该方法在预测人类轨迹位置时准确率是较高的。

(3)基于马尔可夫过程模型的移动位置预测方法。马尔可夫过程模型是一种统计模型，主要应用于随机过程，马尔科夫认为，事物的发展变化与事物过去的状态是无关的，只有事物当前的状态才能影响其未来的发展变化趋势。这与人类的移动模式不谋而合。因为人类的移动轨迹是以时间为横轴连续变化的函数，函数值未来的变化只和函数当前的数值有关。所以，将马尔科夫过程应用于移动位置的预测当中，就创造出了最经典的人口轨迹预测方法，其预测结果也有很高的准确性。依据马尔科夫过程模型的输入端的历史轨迹中定位点的数量，就可以确定马尔科夫模型的阶数。也就是说，用户历史轨迹中的有效访问位置数量与马尔可夫模型的阶数是一致的。

除了上述介绍的三种方法，各国学者也不断探讨新的研究方式。近几年关于移动轨迹预测方面的主要研究总结如下：

2001年，L. Tsoukatos 和 Gunopulos 首次提出 MOD(Moving Object Database)移动位置预测方法和新的轨迹模式挖掘算法 DFS_MINE。DFS_MINE 算法将用户所有的历史轨迹数据与已知的路网地图中的点一一对应起来，这样就可以减少历史轨迹数据的记录误差，并且可以降低原始数据的模糊性。经过处理之后，该算法会挖掘轨迹数据中的频繁模式，运用的挖掘方法则是 DFS(Depth First Search)搜索算法。2009年，Lee et al. 将 DFS_MINE 算法加以改进，使该方法克服了自身存在的缺点，可以应用于长轨迹频繁模式的挖掘中。这种方法就是首先建立在历史轨迹数据与空间坐标中的点之间的映射，之后加入时间变量，使历史轨迹数据转换为一列有序序列。最后，利用 Apriori 算法的基本思想，对有效序列模式中的频繁模式进行挖掘。Nanni et al. (2006)结合空间几何距离计算方法，计算了移动对象位置点之间的距离，挖掘出了轨迹移动模式新思路，并将之应用计算空间轨迹采集点之间的空间距离。同时，还提出了一种改进了 OPTICS(Ordering Points To Identify The Clustering Structure)算法的新算法，该算法还可以对轨迹数据进行聚类。研究结果表明：一般而言，在个体用户的原始轨迹数据中，包含的轨迹点杂乱繁多，而且夹杂有噪声点。另一方面，大多数情况下，明显的共同趋势并不存在于整体移动轨迹的模式，大多数整体轨迹路径只是在局部位置表现出了类似的轨迹特征或运动模式。所以，如果采用聚类分析方法对大量用户的移动轨迹进行分析，并不能绝对挖掘出无数条轨迹当中具有相同特征的部分。反之，首先将众多轨迹当中具有相同特点的轨迹数据子集提取出来，对轨迹数据子集进行深度挖掘，可以得到会更符合实际情况的计算结果。

2004年，Mamoulis et al. 提出了一种新的轨迹模式挖掘方法。该算法的核心思想是：首先将历史轨迹数据分割开来，将分割好的历史轨迹数据进行聚类。聚类的依据是子轨迹序列相似程度和彼此之间空间距离大小。接着，将移动数据轨迹序列变换为网格轨迹序列。最后建立树结构对轨迹序列进行存储，并采用改进 Apriori 算法对轨迹模式进行挖掘。程贤亮(2012)提出包含 GSP 算法的改进频繁模式挖掘算法，这种算法能够处理存在大规模短频繁模式的序列数据，在邻近度和置信度的基础之上将匹配度模型应用到位置预测的计算当中。为了进一步提高预测的精度，在模型中引入序列层次树的概念，同时解决了同一个位置的不同小区造成的位置不一致问题。Zheng et al.（2009）在分析有关 HITS（Hyperlink-Induced Topic Search）的概念和理论之后，提出了基于 HITS 对用户感兴趣的位置新的挖掘方法。在对用户的移动轨迹数据检测之后，就可以实现对其下一个最大概率访问位置的预测。特别的是，在预测用户的感性位置时，考虑了各个位置之间的相关性因素。不足之处在于，该方法仅研究了个体的历史轨迹数据。如果用户的轨迹数据较为完整的话，该方法能够提供较为准确的预测结果。但是，如果用户的历史轨迹数据较为稀疏，则该方法难以得到有效的利用。所以，该方法的应用范围比较局限，并不适合应用于大部分用户的移动轨迹预测。王静远等（2014）指出，以 POI 数据、GPS 数据、道路微波测量数据、客流量数据等为主的城市数据通过多种手段的分析和理解，可以为市民提供人工智能服务，如个性化地理位置推荐、交通路线的择优选择、有效广告信息的推荐等。

目前而言，大多数的移动轨迹预测技术都是一般化的轨迹预测技术，也就是说，这些方法都是利用大量用户的历史轨迹信息，来预测某个用户在下一时刻的移动位置。从大量数据信息中能够挖掘出的有价值的信息量很少，这样的方法的使用效率是十分低下。因此，研究者所面临的问题及时如何提高算法的使用效率。另一方面，由于人口移动是一个复杂过程，并不是简单的随机过程，因此地域人口轨迹的预测不可能做到面面俱到，不会对用户未来的轨迹点的预测极为精准。在实际情况中，只要模型预测结果能够大致描绘出人口移动趋势就可以，这样不仅非常具有现实意义，同时也降低了问题的复杂程度。

综合以上分析，针对轨迹预测的研究存在以下问题：

（1）在时空分布上，不同来源的移动数据集稀疏程度差异大，研究者难以选择有效合理的研究分析方法；

（2）基于多样化的移动数据集，各类移动位置预测算法的计算结果存在极大差异；

（3）在理论基础中缺乏针对移动位置预测的优化方法；无法对异常移动行为进行解释预测；

（4）缺乏对个人位置的预测。

5.2.3 依据人口轨迹分析区域功能的相关研究

城市是一个有机体，其内部组成结构复杂，是一个庞大的系统，而城市功能则是这个系统的本质特征，维持着这个系统的秩序、对外部环境的作用。城市功能也称为城市职能，是支持生活在城市内部或附近的居民各种生产、生活和服务活动的总和，包括生产功能、服务功能、管理功能、协调功能等诸多方面的功能。城市功能的含义可概括为两个方面：一是分区功能，用来服务于城市的内部活动，称为非基本功能；二是服务于城市外部的基本功能，也就是城市在劳动地域分工中的主要功能。城市功能的确定准确性，以及划分的科学性是影响城市发展质量、评价效果的直接因素，也是研究的关键所在。城市功能区是重要的空间载体，它的建设状况直接影响了现代城市的特性，所以实现功能区的合理布局、使功能区发挥其本身的作用能够使城市更好地发展。

有学者认为，从社会历史发展角度出发，城市功能的可划分为政治功能、生产功能、庇护功能、教化功能和联系功能。具体介绍见表5.1所示：

表5.1　城市功能分类

城市功能	说明	过去城市的表征	现代城市的表征
政治功能	政府对城市的治理机制	统治	治理、参与
庇护功能	城市为公众提供安稳的生活环境和必要的物质条件	城墙、武装、住房、食品、医疗、工作、公用事业、安全	住房、食品、医疗、工作、公用事业、安全、社会保障
生产功能	城市将生产资料转化为人们生活所必需的生活资料	物质产品	物质产品、金融产品、服务产品
教化功能	城市为公众提供更多的受教育机会	教育、文化休闲	教育、文化休闲、科普、科研活动
联系功能	城市为内部各个要素之间的交流互通提供便利	公路、邮政	公邮路政、水路、航空、电话、邮政、互联网、广播电视

城市的不同功能之间相互联系和作用，共同为城市发展发挥功能，任何一种城市功能缺陷都会导致城市发展质量问题。例如，城市如果缺失政治功能会使得城市陷入独裁的社会状态，缺失庇护功能会使得城市无法为居民提供安全的生活环境，缺失联系功能会使得居民陷入老死不相往来的状态，缺失教化功能则会造成居民素质低下。因此，为避免城市发展不平衡，这五种城市功能的提升必须同步进行，而不应有所偏重，这就使城市政府由重视GDP的发展转而实现可持续发展、构建和谐社会的要求迫在眉睫。

城市功能区的产生途径有两种：一是通过社会发展而自发形成，表现为一个地区的功能会随着该地区居住人群和生活方式的改变而改变，这是一个长期的过程；二是通过城市规划者的人为行为。城市规划者决定投资建造某个功能区时，该区域从开发之际就具备了相应的功能，如房地产的开发、游乐园的修剪等。这是短期内就可改变区域功能的一种方式。

鉴于上述城市功能区产生的第一种方式，要了解城市功能区的定位，我们可以从城市中行人的日常活动着手。许多专家学者都依据人口动力学特征、居民生活特点与生活需求，并结合现代化的信息技术和数据分析技术，发现城市的区域功能，从而为城市规划者开发城市功能区提供建设性意见。行人的日常活动中包含的出行规律与城市功能区的定位有着较强的相关性和因果性，同时在一些功能区中行人的出行规律有着明显的特征模式。工作日的住宅区或出现两次高峰，早高峰和晚高峰，工业区也会出现这两种高峰，但是这两个区域出现高峰时人流量的方向正好相反；商业区出现高峰时的人流量会高于绿化区的高峰时刻的人流量，且二者出现高峰的时间不同。下面本节总结了一些学者的重要研究成果。

早期城市功能区的发现主要借助于卫星或者遥感图像，但是，因为遥感图像的分类结果很大程度上依赖于区域的地理属性，如山脉、草地、河流等，很难获得商业区、住宅区这样具有社会属性的区域。朱枝琳(2006)对经济、人口和交通数据运用模糊分类的方法识别城市不同的功能区。但是这种方法无法识别城市规划、交通规划的重要指标——功能区的强度。宋雪涛等(2015)利用 K 均值算法和高斯混合模型对人口轨迹数据的时空特征进行聚类，得到不同的功能区类别和似然值，将分析得到的功能区和采样的功能区进行匹配，利用核密度估计的方法估计出了功能区的强度。

现如今，移动定位技术和网络技术的普及为人们获取 GPS 移动轨迹数据提供了极大便利。从海量轨迹数据中研究城市的功能区域已成为空间数据挖掘领域的一个热点研究问题。Meijles(2014)研究了人口轨迹的密度和分部信息之后，提出了一些关于城市规划的建议。

闫小勇(2011)认为人类独特的出行模型根源于人类高度的社会性，使人类具有比微观粒子的无规则运动更为复杂的空间运动模式。要理解人类出行模式形成的原因，需要结合对人类社会活动背景的研究和联系。同时，刘奎恩等(2013)研究轨迹数据与热门区域之间的联系，定义带有覆盖范围约束的热门区域，提出了一种针对热门地区的快速匹配算法可以从离散轨迹数据库中匹配出热门区域；并且增加热门区域的两个时空属性：趋势性和差异性，且对应给出两种大区域重构算法以及相应参数选择策略。

Zheng et al. (2011)将城市按照高速和环路等主干道分割成不同的区域，分析汽车轨迹数据在不同区域之间行驶的特征，找到了连通性较差的区域，从而发现了城市道路交通网需要改进的地方，为城市规划提供有效的方法和依据。2012 年，

Yuan et al.利用出租车的轨迹数据，将人口的移动模式和兴趣点数据相结合进行研究，分析了城市中不同功能区。指出人的移动性数据能够区分相同类别兴趣点的热度，同时也能够识别出区域的功能以及功能区的核心区域。

Lathia et al.(2011)通过分析地铁站的人流量数据估计了一个地铁站内的拥挤程度以及不同站点间的通行时间，为人们出行线路和购票方式的选择提供建议。城市规划者也可以依据研究成果来组合规划交通路线。此外，也有学者利用出租车的移动轨迹数据来为交通路线的规划提供参考意见。使用出租车移动轨迹数据和人口轨迹数据异曲同工，都可达到城市计算、城市规划相同的目的。

Porta et al.(2012)用MCA模型分析欧洲大型城市巴塞罗那的地形，用KDE方法衡量每个地点与街道、不同类型的经济活动的近似程度。之后用这两个密度分析主要经济活动和次要经济活动和街道中心之间是否联系更密切。经过分析发现次要经济活动与街道中心之间的联系比主要经济活动与街道中心之间的联系更紧密。而且，次要经济活动与街道中心的全球指数之间的相关性要高于与地方指数之间的相关性。

向峰(2014)将协同分析处理法运用于移动通话数据和地理信息，挖掘出了许多有价值内容比如城市间隙等，应用于更复杂的城市规划之中。基于模块度的方法可以得到城市现实行政区域的个数，从而通过比较社区现实结构和规划方案之间的差异，从中探讨社区结构发生现实性变化差异，寻找影响城市状态不断发展变化的潜在因素。可见，人类移动轨迹与城市功能区的发展之间有着必然的联系，二者相互影响。因此，如果提前掌握了居民未来的移动轨迹，势必可以刻画出城市未来的蓝图。

冷彪等(2014)利用地铁客流量数据，探讨乘客出行规律和地铁站客流规律之间的关系，采用LDA主题模型来对行为特征进行聚类分析。实验的结果表明这种方法可以有效发现不同的区域功能和客流量之间的关系。

钮心毅等(2014)以上海中心城手机定位数据为实验数据，提出了利用核密度分析法识别城市公共中心的等级和功能类型。首先用手机的信号数据依据移动通信基站的地理位置进行汇总，采用核密度估计方法绘制手机用户热力图，分别计算上海中心区域多个时间段内的用户平均密度。接着对手机用户的空间密度进行聚类，进而讨论城市公共区域的职能类型。

综合以上分析，针对城市功能发现的研究还存在以下问题：

(1)目前对城市功能的研究很少考虑时间和人群的出行规律；

(2)不同来源的移动数据集在时空分布上差异巨大，不同的数据集需要建立特定的研究方法，目前很难得到普适的研究和分析方法；

(3)针对城市功能所采用的研究方法单一，多集中于主题模型和核密度估计的应用，对其他方法的探索较少；

(4)缺乏对城市功能的变迁的研究，缺少对城市功能的预测。

5.3 基于小波分析和LSTM神经网络的位置预测模型

5.3.1 理论机制

5.3.1.1 移动数据降噪——小波分析

当预测用户在下一时刻的位置时，除了需要知道用户的历史位置数据，即经度、纬度以及时间数据，还需要知道用户的速度和航向角度数据。由于速度和航向角度数据是用户在移动过程中产生的，所以本节将这两个数据称为移动数据。手机端感知器在获取用户移动数据时通常会受某些因素干扰，使采集到的原始数据序列中混杂一定噪声。噪声通常是一些高频或者非平稳信号，会影响了信号的本质特征，不利于信号的处理和分析。因此，在使用用户的历史移动数据进行移动轨迹的预测之前，需要先对移动数据降噪。

1.小波分析的基本原理

小波作为一种统计工具应用领域广泛，可以应用于信号处理、水文、道路交通等众多领域，通过降噪、重建、提取等步骤来对信号数据进行处理，从而对信号数据进行分解，寻找出不同信号的不同震动周期。小波去噪就是寻求从含噪空间到小波空间的最佳映射，把信号噪声去除并恢复原始信号过程。小波降噪的基本步骤就是以最大程度来减少信号数据中噪声并还原出真实信号特征。其原理就是依据小波系数来识别真实信号和噪声，因为真实信号噪声的小波系数是不同的，采用一定的数学方法来处理含噪信号的小波系数，图5.1为小波去噪的基本步骤。

图5.1 小波去噪的基本步骤

小波分析主要有小波分解与重构法、非线性小波变换阈值法、平移不变量小波法以及小波变换模极大值法这4种常用的去噪方法。因为小波分解与重构法主要适用于有用信号和噪声的频带相互分离时确定性噪声情况，去噪效果很好，计算速度快，所以本章主要介绍并使用这种方法对移动数据降噪。

2.小波分解变换与重构

设 $\psi(t)\in L^2(R)$ ($L^2(R)$表示平方可积的空间,即能量有限的信号空间),其傅立叶变换为 $\psi(\omega)$。当 $\psi(\omega)$满足允许条件:

$$C_\phi=\int_{-\infty}^{+\infty}\frac{|\psi(\omega)|^2}{(\omega)}\mathrm{d}\omega<\infty \tag{5.1}$$

则称 $\psi(t)$为一个基本小波或母小波(Mother Wavelet)。将母小波函数 $\psi(t)$经伸缩和平移变换后,就可以得到一个小波序列。对于连续情况,小波序列为:

$$\psi_{a,b}(t)=\frac{1}{\sqrt{|a|}}\psi\left(\frac{t-b}{a}\right)\quad a,b\in R,a\neq 0 \tag{5.2}$$

其中,a 为伸缩因子;b 为平移因子;$\frac{1}{\sqrt{|a|}}$为能量归一化因子。

这样对于任一信号

$$f(t)=\frac{1}{C_\phi}\int_0^\infty\int_{-\infty}^\infty\frac{1}{a^2}\omega_f(a,b)\psi\left(\frac{t-b}{a}\right)\mathrm{d}a\,\mathrm{d}b \tag{5.3}$$

连续小波变换定义为:

$$CWT(a,b)=\langle f(t),\psi_{a,b}(t)\rangle=\int_{-\infty}^\infty f(t)\bar{\psi}_{a,b}(t)\mathrm{d}t \tag{5.4}$$

其逆变换为:

$$f(t)=\frac{1}{C_\phi}\int_0^\infty\int_{-\infty}^\infty\frac{1}{a^2}\omega_f(a,b)\psi\left(\frac{t-b}{a}\right)\mathrm{d}a\,\mathrm{d}b \tag{5.5}$$

实际应用中,必须对连续小波加以离散化。在离散化中限制 a 取正值,则允许条件变为:

$$C_\phi=\int_0^{+\infty}\frac{|\psi(\omega)|^2}{|\omega|}\mathrm{d}\omega<\infty \tag{5.6}$$

通常,连续小波变换中的尺度因子和平移因子的离散化公式为:

$$\begin{cases}a=a_0^j\\ b=ka_0^jb_0\end{cases} \tag{5.7}$$

这里,$j\in Z$,扩展步长 $a_0\neq 1$ 是固定值,且假定 $a_0>1$。

$$C_{j,k}=\int_{-\infty}^{+\infty}f(t)\psi_{j,k}^*\mathrm{d}t=\langle f,\psi_{j,k}\rangle \tag{5.8}$$

其重构公式为：

$$f(t)=C\sum_{j=-\infty}^{\infty}\sum_{k=-\infty}^{\infty}C_{j,k}\psi_{j,k}(t) \tag{5.9}$$

小波变换其实是对函数的分解，将原信号分解成不同频率信号，每个频率带间都没有重叠，所分解的频率区间包含了原有函数所有频段，而噪声信号主要集中在小波的高频层。通过确定小波分析的变换层数，并逐层分解系数，进一步采用阈值方法对高频系数进行量化处理，之后重新构建低频系数和处理之后的高频系数，这样就得到了去掉噪声后的信号数据。阈值的选择是整个小波分析中的关键步骤，直接影响着数据处理的效果：如果阈值过小，就会使得噪声剔除不彻底，影响了实验分析的结果；如果选择的阈值过大，就会使剔除过度，信号数据失去了真实性。

如果将原始信号 $x(n)$ 定义为标准信号，那么经小波分析处理之后的估计信号 $\hat{x}(n)$ 的信噪比(SNR)的定义如下：

$$SNR=10\log\left\{\frac{\sum_{n}x^{2}(n)}{\sum_{n}[x(n)-\hat{x}(n)]^{2}}\right\} \tag{5.10}$$

原始信号与估计信号之间的均方根方误差(RMSE)的定义如下：

$$RMSE=\sqrt{\frac{1}{n}\sum_{n}[x(n)-\hat{x}(n)]^{2}} \tag{5.11}$$

估计信号与原始信号的接近程度与信号的信噪比呈正比，与均方根误差呈反比。也就是说如果信号的 SNR 值越大，原始信号与估计信号的 RMSE 越小，那么去噪效果越好。通常选取信噪比和均方根误差来对小波降噪的效果进行评价。

5.3.1.2 移动数据预测——LSTM 神经网络模型

在循环神经网络中，信息以两种方式被储存，其中通过近期历史构造的函数来激活单元属于短期记忆；由于权重是根据经验修改的，因此权重的变化也形成了一种记忆，但是权重变化的时间要比激活慢得多，这种被认为是长期记忆。RNN 神经网络模型存储的信息会在每次误差反馈的过程中逐渐消减，随着时间的积累，信息的损失会越来越多，原始数据所包含的信息也会随之减少，丧失了长时间记忆的能力，也就是说后面时间的节点对于前面时间的节点感知力下降。恰恰相反，长短时记忆 LSTM 神经网络在引入了记忆元之后，就可以很好的解决原始信息损失的问题。LSTM 网络是一种配备专用的门控机制的神经网络，通过独立的从储存单元中读取、写入和删除内容，这些门可以学习处理输入信号的特定部分而忽略其他部分。这些特性使得 LSTM 神经网络在处理复杂且分散的一些相互依存的数据表现优异，擅长于时间序列领域的学习。

LSTM 神经网络模型处理输入和目标节点对序列$(x_1,h_1),(x_2,h_2),\cdots,(x_n,h_n)$。对于每一对数据$(x_t,h_t)$，LSTM 神经网络通过序列 $x_1,x_2,\cdots,x_t$ 来预测 h_t。长期的输入 $x_1,x_2,\cdots,x_{t-1}$ 决定了该神经网络状态包括隐藏向量和记忆向量。LSTM 模型提出门的概念，门实际上就是一层全连接层，需要向它输入一个向量，返回的结果是 0 到 1 之间的数值。假设 W 是门的权重向量，b 是偏置项，那么门可以表示为：$g(x)=\sigma(W_x+b)$。

门的工作原理是将门的返回结果和需加以控制的向量相乘。因为门的返回结果介于 0 和 1 之间，σ 也是介于 0 和 1 之间，故门所呈现的状态就是半开半闭的。LSTM 神经网络模型利用输入门和输出门来控制单元状态 c。输入门控制输入的数量，输出门则是影响控制单元状态输出到 LSTM 的输出值。

首先对于遗忘门有：$f_t=\sigma(W_f\times[h_{t-1},x_t]+b_f)$，其中，$W_f$ 是遗忘门的权重矩阵，$[h_{t-1},x_t]$ 表示把两个向量连接成一个更长向量，b_f 是遗忘门偏置项，σ 是 *sigmoid* 函数。如果输入的维度是 d_x，隐藏层的维度是 d_h，单元状态的维度是 d_c（通常 $d_c=d_h$），则遗忘门的权重矩阵 W_f 维度是 $d_c\times(d_h+d_x)$。事实上，权重矩阵 W_f 都是两个矩阵拼接而成的：一个是 W_{fh}，对应着输入项 h_{t-1}，其维度为 $d_c\times d_h$；一个是 W_{fx}，对应着输入项 x_t，其维度为 $d_c\times d_x$。则 W_f 可以写为：

$$[W_f]\begin{bmatrix}h_{t-1}\\x_t\end{bmatrix}=[W_{fh}W_{fx}]\begin{bmatrix}h_{t-1}\\x_t\end{bmatrix}=W_{fh}h_{t-1}+W_{fx}x_t \tag{5.12}$$

对于输入门：$i_t=\sigma(W_i\times[h_{t-1},x_t]+b_i)$，其中 W_i 是输入门的权重矩阵，b_i 是输入门的偏置项。而当前单元状态 $\tilde{c}_t$ 有：$\tilde{c}_t=\tanh(W_c\times[h_{t-1},x_t]+b_c)$，就会有：

$$c_t=f_t\times c_{t-1}+i_t\times\tilde{c}_t \tag{5.13}$$

这样就可以把 LSTM 神经网络的短期记忆和长期记忆都保存在模型中，形成了新单元状态 c_t。遗忘门使 *LSTM* 维持长期记忆，防止过早的信息在迭代过程中损失掉，输入门可以筛选有效内容进入到模型中，输出门的作用则是控制长期记忆对当前输出的影响：$o_t=\sigma(W_o\times[h_{t-1},x_t]+b_o)$。

LSTM 最终的输出是由输出门和单元状态共同确定的：$h_t=o_t*\tanh(c_t)$。LSTM 模型的计算过程如图 5.2 所示。

LSTM 将每一层的神经元设计成具有多个门的结构，这样误差在传播过程中，有些可直接通过门，不用归因当前神经元，这样误差就完好无损的直接通到下一层，使得梯度无论在传播多远时，都不会出现完全损失的现象，因此收敛性很好。

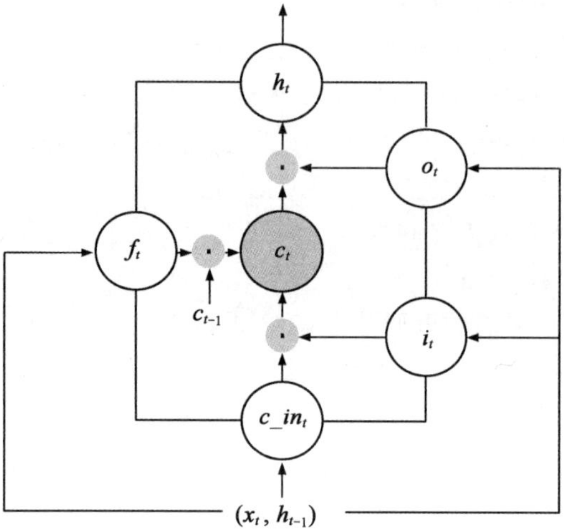

图 5.2　LSTM 模型的计算过程

5.3.1.3　移动位置计算

通过 LSTM 神经网络模型得到用户未来时间的速度数据和航向角度数据，加入时间变量后，经过计算便可获得用户未来的定位点。计算方法的推理过程如下。

为了方便分析，将人口移动空间从三维空间简化为二维平面。用户在二维平面上的移动轨迹如图 5.3 所示。

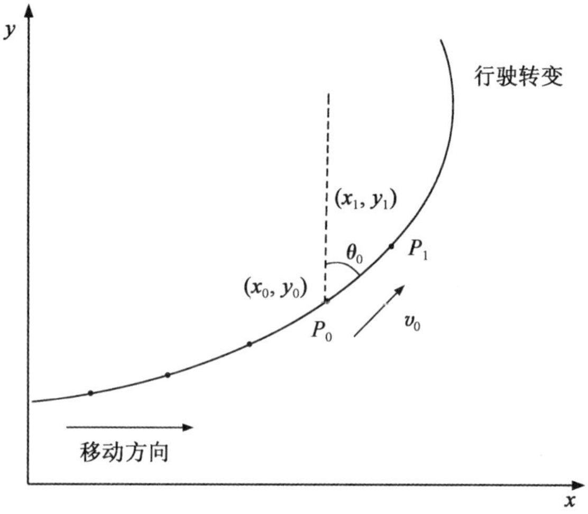

图 5.3　用户在二维平面上的移动轨迹

由图 5.3 可知，假设用户移动方向是图中所标识的箭头的方向，那么用户在移动规程中所记录的位置点就是图中曲线上的点。其中，用户当前位于 P_0 处，在下一时刻，预测用户将位于点 P_1 处。从图中可以得出，要想计算出用户在 P_1 点处的位置坐标，首先需要获得 P_0 点的坐标、P_0 点的方向 θ_0 及速度 v_0。依照相同的方法，可以估算出 $P_1, P_2, \cdots, P_n$ 点的位置坐标。因为下一时刻位置的估计坐标是在前一个点的坐标的基础之上计算得到的，所有随着位置预测的进行，计算的误差也是逐渐累积的。但是好在人口轨迹数据的采集时间间隔较短，所以推理过程在较短的时间里还是可以获得很好的计算效果，这里坐标点(x_1, y_1)则为下一时刻的经纬度定位点。

依据上面推理过程，在已知 P_0 点处相关数据的情况下，就可以推算出下一时刻 P_1 的位置坐标，其推算公式为：

$$x_1 = x_0 + s_0 \times \sin\theta_0 \tag{5.14}$$

$$y_1 = y_0 + s_0 \times \cos\theta_0 \tag{5.15}$$

依此类推，就可以推算出 $P_1, P_2, \cdots, P_n$。

那么对于移动用户下一时刻位置预测算法的一般公式，如果用户当前时刻的位置点坐标为(x_0, y_0)（x_0 为局部平面坐标系中水平方向坐标，也就是地图中的东向坐标，y_0 为垂直方向坐标，也就是地图中的北向坐标）和移动方向的航向角度，通过预测对象的运动速度 v_0 和航向角度 θ_0 的变化，就可以推算出移动对象的位置坐标，其一般推算公式如下：

$$x_1 = x_0 + v_0 \times \Delta t \times \sin\theta_0 \tag{5.16}$$

$$y_1 = y_0 + v_0 \times \Delta t \times \cos\theta_0 \tag{5.17}$$

同样的，可以不断地累加来预测移动用户未来多个时刻的位置点：

$$x_2 = x_1 + v_1 \times \Delta t \times \sin\theta_1 = x_0 + v_0 \times \Delta t \times \sin\theta_0 + v_1 \times \Delta t \times \sin\theta_1 \tag{5.18}$$

$$y_2 = y_2 + v_1 \times \Delta t \times \cos\theta_1 = y_0 + v_0 \times \Delta t \times \cos\theta_0 + v_1 \times \Delta t \times \cos\theta_1 \tag{5.19}$$

依此类推：

$$x_n = x_{n-1} + v_{n-1} \times \Delta t \times \sin\theta_{n-1} = x_0 + \Delta t \times \sum_{t=0}^{n-1} v_t \times \sin\theta_t \tag{5.20}$$

$$y_n = y_{n-1} + v_{n-1} \times \Delta t \times \cos\theta_{n-1} = y_0 + \Delta t \times \sum_{t=0}^{n-1} v_t \times \cos\theta_t \tag{5.21}$$

该推算过程是一个累加的过程，因为有不同时刻计算误差的积累，以及预测本身就存在误差，所以随着时间的推移，预测系统的误差是一个发散过程。然而对于下一时刻位置预测的时间间隔一般比较短，大多在几秒钟到几分钟之间，所以计算过程中产生的误差是可以控制的。

于是，通过预测移动用户下一时刻的速度和航向角度就可以推算其下一时刻的位置。因此下一时刻位置预测算法的流程为：

(1)获取移动用户的历史定位感知数据(经度、纬度、行驶速度以及航向角度)；

(2)使用小波方法对用户的移动数据(行驶速度序列和航向角度序列)去噪；

(3)使用 LSTM 网络模型预测移动用户位置点的移动数据；

(4)依据移动位置计算的方法，预测用户的下一时刻的经纬度，即下一时刻的位置。

5.3.2 实证分析

5.3.2.1 数据源介绍

本章数据来源于 Nokia 移动数据挑战赛所提供的大规模移动感知数据，该数据是由瑞士洛桑数据采集团队在 2009 年 10 月到 2011 年 2 月期间，主要针对 185 名志愿者的手机日常使用情况搜集的。数据中与用户身份相关的信息都进行了匿名处理，未涉及志愿者隐私。每一个志愿者的感知数据储存在一个文件夹中，每个文件夹包含 15 个文件，这些文件包括加速度传感器信息、手机 App 使用情况、蓝牙设备扫描及使用记录、日历使用情况、通话及短信记录、通讯录操作情况、用户 GPS 定位记录、手机基站定位记录、多媒体操作文件、手机进程、手机系统记录以及 WLAN 接收使用情况等。本章使用的是 007 用户的 GPS 定位数据，该定位数据采集频率高且采集时间较长。

GPS 数据中共有 16 个属性值，分别是用户 id、时间戳、时间区域、GPS 时间、经度、纬度、高度、速度、航向、水平精确度、水平检查点、垂直精度、垂直检查点、速度精度、航向精度和 GPS 系统开启时间。本文在该部分用到的是数据中的时间戳、经度、纬度、速度和航向。

表 5.2 GPS 数据表属性字段

属　性	含　义
userid	用户的编号
time	记录数据时的 unix 时间
tz	记录数据时的时间戳
gps_time	从卫星返回的 GPS 数据的时间
altitude	海拔
longitude	经度
latitude	纬度
speed	速度
heading	航向角度
horizontal_accuracy	水平精度
vertical_accuracy	垂直经度
speed_accuracy	速度精度
heading_accuracy	航向角度精度
time_since_gps_boot	gps 系统创建时的时间(s)

表 5.3 GPS 数据的属性信息样式(部分)

用户 ID	时间	GPS 数据获取时间	海拔	经度	纬度	速度	航向角度
7	1254373692	1254373692	583.5	6.630243	46.52179		
7	1254373702	1254373702	594.5	6.630176	46.52146	6.336	126.98
7	1254373712	1254373712	619	6.630158	46.52132	6.3	200.21
7	1254373722	1254373722	602	6.630113	46.52117	3.924	200.17
7	1254373732	1254373732	583.5	6.630127	46.52112	5.184	187.94
7	1254373742	1254373742	578	6.630136	46.521	4.248	143.43
7	1254373752	1254373752	576.5	6.630355	46.5209	4.932	161.33
7	1254373762	1254373762	572.5	6.630383	46.52078	3.42	177.03
7	1254373772	1254373772	578.5	6.630387	46.52078	4.608	319.63

由于007号用户的出行有明显规律性，且在2009年11月7日的定位数据比较完整，故本章选取该时段的位置信息数据作为实验数据来训练模型，并预测用户下一时刻的位置，从该时段的数据中共提取出341条有效定位点信息。

5.3.2.2 小波去噪结果分析

这些定位数据是在用户移动过程中按照时间顺序所采集一系列高频数据。由于感知器会受到干扰源等因素的影响，可能会导致所搜集到的信号在一定程度上产生一些噪音，呈现出不规则结构，影响用户移动定位数据的质量，导致预测误差增大。因此，为了使预测结果更加准确，避免噪声所带来的影响，本章选用db4小波进行4层分解与重构，对速度数据和航向角度数据进行了降噪处理，其中降噪结果如图5.4和图5.5所示：

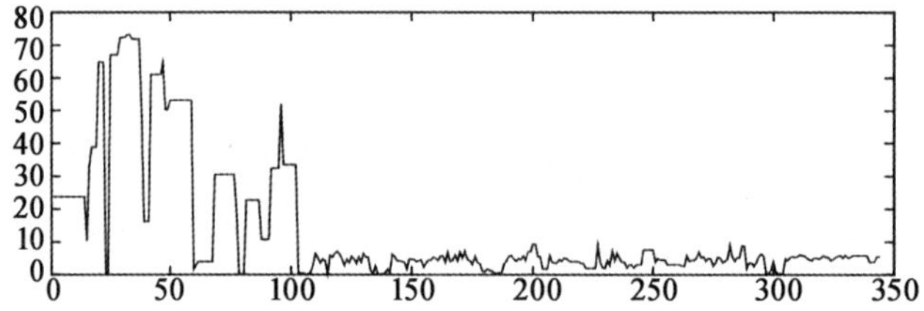

图5.4(a) 原始速度信息

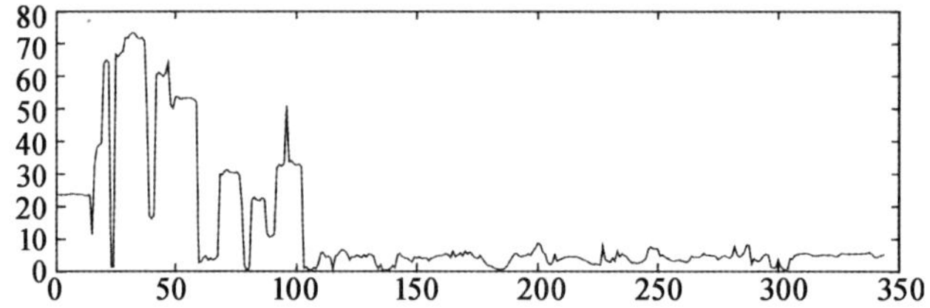

图5.4(b) 小波降噪后速度信息

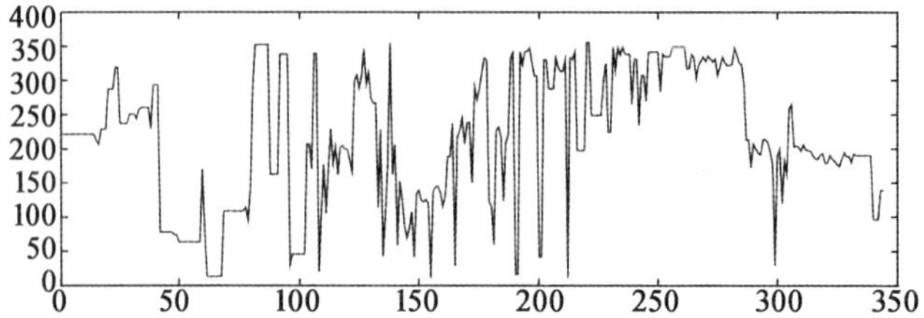

图5.5(a) 原始航向角度信息

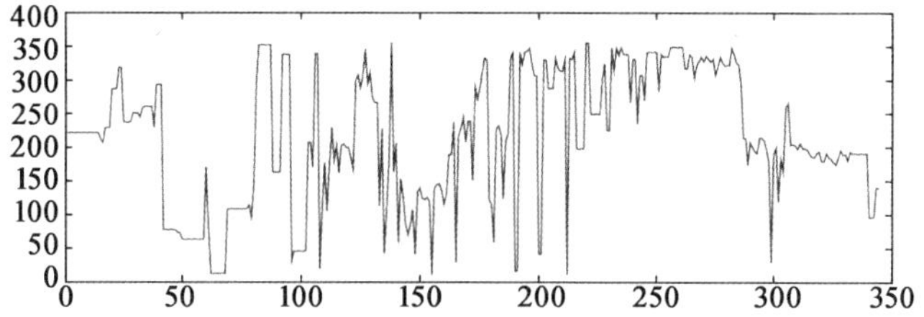

图 5.5(b)　小波降噪后航向角度信息

结合图 5.4 和图 5.5 可见，在降噪之后速度和航向角度的波形都更加平滑。反映降噪效果的 SNR 和 RMSE 参数具体见表 5.4。

表 5.4　速度和航向角度降噪性能参数

项目	SNR	RMSE
速度	84.6825	0.5327
航向角度	106.8894	0.1345

比较图 5.4 和图 5.5 可看到，图 5.4 的波形波动相对更大，所以航向角度数据的 SNR 值更大一些，且速度和航向角度的 SNR 值在降噪之后都比较大，RMSE 值在降噪之后较小，说明移动数据的噪声水平明显下降，降噪效果显著。

5.3.2.3　位置预测结果分析

本章基于 LSTM 神经网络模型来训练并预测移动对象下一时刻的移动数据。采用上一步去噪后的小波序列中 90%的数据训练 LSTM 模型，10%的数据作为测试集来验证该模型的预测效果。

为了得到表现更优秀的模型，通过调试相应参数发现，当设置 1 个隐藏层，10 个神经元且窗口长度为 1 时所得到的结果较为理想，通过对该模型迭代 100 次后，所得结果如图 5.6 和图 5.7 所示：

从图 5.6 和图 5.7 看出，移动数据的预测结果很好的拟合了原有数据的变化趋势。降噪前后预测结果的 RMSE 值见表 5.5。

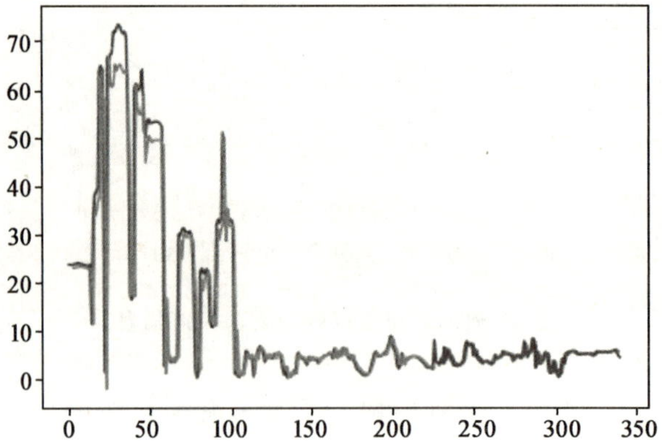

图 5.6　速度预测结果

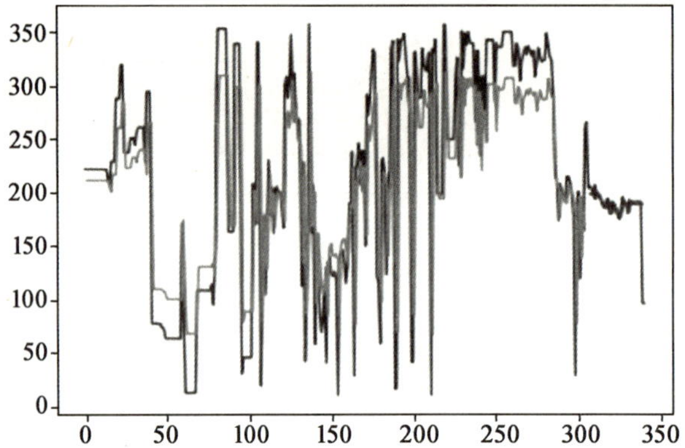

图 5.7　航向角度预测结果

表 5.5　降噪前后预测结果 RMSE 对比

项目	降噪前	降噪后
速度	1.42	1.36
航向角度	17.06	16.99

从波形上看，航向角度的波动比速度的波动更大，所以无论是降噪前还是降噪后，航向角度的 RMSE 值均比速度的 RMSE 值要大。同时，二者的 RMSE 值在降噪之后均有下降，分别下降了 0.06 和 0.07，说明经过小波分析对数据有一定的降噪效果，数据波形更趋于平滑，预测结果也更加准确。再次，预测结果的 RMSE 都

相对较低，可见 LSTM 模型的训练结果良好。

接下来计算 007 用户的轨迹预测定位点。原始定位点与预测定位点比较如表 5.6 所示：

表 5.6　原始定位点与预测定位点对比

感知定位点	预测定位点	预测误差(m)
(6.60697,46.5397)	(6.60680,46.53909)	69.88177419
(6.60693,46.5396)	(6.60672,46.53897)	73.015721
(6.60677,46.5394)	(6.60651,46.53824)	131.8916939
(6.6067,46.5392)	(6.60657,46.53854)	73.84628423
(6.60664,46.5391)	(6.60643,46.53845)	75.95831294
(6.6066,46.539)	(6.60644,46.53832)	77.56637022
(6.60654,46.5389)	(6.60641,46.53823)	75.10106866
(6.60649,46.5388)	(6.60637,46.53817)	71.08585626
(6.60646,46.5386)	(6.60639,46.53807)	58.64354605
(6.60644,46.5385)	(6.60640,46.53787)	69.85062075
(6.60643,46.5383)	(6.60638,46.53777)	59.30983417
(6.60644,46.5382)	(6.60631,46.53756)	72.48922248
(6.60645,46.538)	(6.60630,46.53746)	62.49927063
(6.60643,46.5379)	(6.60644,46.53725)	72.02622388
(6.60641,46.5378)	(6.60642,46.53715)	72.10307596
(6.60635,46.5376)	(6.60630,46.53705)	60.69666676
(6.60638,46.5375)	(6.60630,46.53694)	62.96325914
(6.60641,46.5374)	(6.60635,46.53679)	67.22046803
(6.60643,46.5372)	(6.60642,46.53668)	57.59220428
(6.6064,46.5371)	(6.60647,46.53641)	76.17951699
(6.60635,46.537)	(6.60633,46.53630)	77.62258759
(6.60632,46.5369)	(6.60619,46.53623)	75.38752127
(6.60628,46.5367)	(6.60622,46.53612)	64.34999778

续表 5.6

感知定位点	预测定位点	预测误差(m)
(6.60617,46.5367)	(6.60617,46.53592)	86.25623049
(6.60622,46.5365)	(6.60616,46.53591)	65.18824657
(6.6063,46.5364)	(6.60608,46.53572)	78.66028875
(6.60629,46.5363)	(6.60618,46.53562)	76.18892198
(6.60626,46.5358)	(6.60594,46.53396)	206.2465782
(6.60619,46.5358)	(6.60614,46.53501)	86.69911432
(6.6062,46.5356)	(6.60607,46.53501)	66.92821514
(6.60614,46.5355)	(6.60596,46.53400)	167.6486916
(6.60644,46.5351)	(6.60589,46.53386)	149.785131

计算感知定位点与预测定位点之间的直线距离可得到第三列数据预测误差。通常一个用户在半径为 100 米的区域内超过 10 分钟,那么这个位置点就是有意义的,因此本章将 100 米设为阈值。如果预测误差小于或等于 100,则判定该预测定位点是有效地点,如果预测误差大于 100,则判定该预测定位点是无效地点。从表 5.6 中可知,有效定位点有 29 个,无效定位点有 4 个,预测精度达到 87.89%,高于 Nokia 数据挑战大赛位置预测的平均精度 59%。

为了能够精确比较出采用小波分析降噪前后预测定位点效果,在降噪前后分别进行了预测,结果见表 5.7。

表 5.7　小波降噪前后预测误差对比

降噪后预测误差	降噪前预测误差
69.88177419	70.74595331
73.015721	74.89124173
131.8916939	125.2530208
73.84628423	70.89694704
75.95831294	80.44717115
77.56637022	78.10514824
75.10106866	76.87888468
71.08585626	70.08100832

续表 5.7

58.64354605	53.82056148
降噪后预测误差	降噪前预测误差
69.85062075	61.84293517
59.30983417	59.51795812
72.48922248	70.57363201
62.49927063	56.88038302
72.02622388	72.15518119
72.10307596	79.61188746
60.69666676	61.6096094
62.96325914	64.98254145
67.22046803	61.87797467
57.59220428	56.00220569
76.17951699	73.24464333
77.62258759	76.94515124
75.38752127	78.39712165
64.34999778	59.17953731
86.25623049	90.21466816
65.18824657	61.42750478
78.66028875	74.67026474
76.18892198	78.78668109
206.2465782	214.5677069
86.69911432	89.04415291
66.92821514	68.33651203
167.6486916	167.9006347
149.785131	146.4856874

从表 5.7 的降噪前后预测误差的对比数据可以看出，降噪之后误差距离减少的定位点明显增多，预测结果的准确性有所提升。因此，将小波分析与 LSTM 神经网络模型相结合，预测效果更佳，具有较好的应用价值。

5.4 基于用户移动预测轨迹的区域功能分析

区域划分的合理性直接影响着城市规划的科学性、交通路网的合理性以及资源分配的有效性，所以功能区的划分与人们的生活息息相关。功能区的既定功能会随着人口的迁移和经济的发展而不断演化，人类的活动轨迹数据中蕴含着人类行为的时空分布模式。利用合理的分析方法充分挖掘人口的轨迹模式，借助数据挖掘所得结果，可从经验层面上感知区域的主要功能，来实现对功能区域的划分。本章主要是在前文研究的基础上，利用预测的用户轨迹数据，并结合层次聚类的统计研究方法，探讨用户的出行规律、活动范围并实现对区域功能的识别。

5.4.1 区域功能识别——层次聚类

通常人们在具有相同功能区域的停留时间其特征呈现出一定的相似性，而在不同功能区停留时间的特征则有明显差异性。例如，人们在商务区的停留时间主要集中在工作日白天，在娱乐休闲区停留时间主要在周末，而在住宅区的停留时间则主要是在夜间。因此，可依据人们在不同地点的停留时间来对地点进行分类。

层次聚类算法可以通过聚类树的构建来达到对研究对象分类的目的。聚类的结果就是一个类别中的对象的一些属性具有某些相似性，而类与类之间的对象则不相似。因此，通过层次分析的方法对用户在不同地点的停留时间进行聚类，便可以借此发现用户在这些地点的停留特征，识别出该区域的主要功能。

层次聚类是聚类算法的一种。聚类算法就是用来解决如何运用量化的方法来实现样本分类问题。层次聚类算法主要通过构建树来实现对给定数据进行分类。该算法首先对数据进行层次分解，计算不同类别之间数据点的相似度来构造嵌套聚类树。在这棵树中，原始数据点位于树的最低层，树的顶层是聚类的根节点。聚类树的创建可以通过凝聚和分裂两种方式实现。第一种方法，凝聚的方法是将每一个对象都作为一个簇，逐渐将这些簇进行合并，直到越来越多的具有相同特征的对象可以聚集在一个大簇中，或者满足某个终止条件为止。第二种方法，分裂的方法就是首先将原始数据集合为一个大簇，随后对大簇进行逐层分解，使之成为越来越小的簇，直到每个对象单独成为一个簇，或者满足某个终止条件为止。可以发现，凝聚的方法和分裂的方法恰好是执行方向相反的两个方法。

鉴于凝聚的聚类方法相较于分裂的聚类方法有更多的应用，本章简要介绍凝聚方法的原理。

对于给定的数据集合 $D=(d_1,\cdots,d_i,\cdots,d_n)$，它的算法思想如下：

(1)将每一个数据 d_i 作为一个聚类中心 $c_i=(d_j)$ 形成的 D 一个聚类集合 $C=(c_1,\cdots,c_i,\cdots c_n)$；

(2)计算 D 中的每个聚类对 (c_i,c_j) 之间的相似度 $\mathrm{sim}(c_i,c_j)$，$(c_i,c_j)=(c_i\cdot c_j)/(|c_i||c_j|)$；其中 $c_i\cdot c_j=\sum_{k=1}^{n}c_{ik}c_{kj}$，$|c_i|=\sqrt{\sum_{k=1}^{n}c_{ik}c_{ik}}$，$|c_j|=\sqrt{\sum_{k=1}^{n}c_{jk}c_{jk}}$；

(3)选取具有最大相似度的两个聚类 (c_i,c_j)，$\max\ \mathrm{sim}(c_i,c_j)$，将合并成一个新聚类 $c_k=c_i\cup c_j$，同时合并 c_i 和 c_j 的特征矢量，从而构成 D 的一个新聚类集合 $C=(c_1,\cdots,c_i,\cdots c_{n-1})$；

(4)重复上述，根据所要产生聚类的数目，得到最终聚类结果。

5.4.2　实证分析

5.4.2.1　数据预处理

在前文证实小波分析和 LSTM 网络模型可以很好地有效预测的基础上，本章对用户的半年(2009 年 10 月至 2010 年 3 月)中轨迹进行了预测，共计 41 656 条数据。提取出轨迹数据中区域以及该用户在各个区域的停留时间，利用系统聚类的方法初步探讨区域功能。

第一步，运用小波分析和 LSTM 神经网络对用户未来半年内的移动数据降噪和预测。结果如图 5.8 和图 5.9 所示。

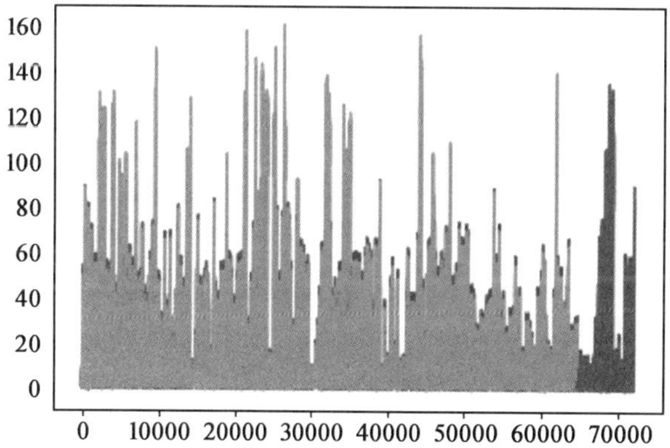

图 5.8　速度数据去噪前后预测结果比较

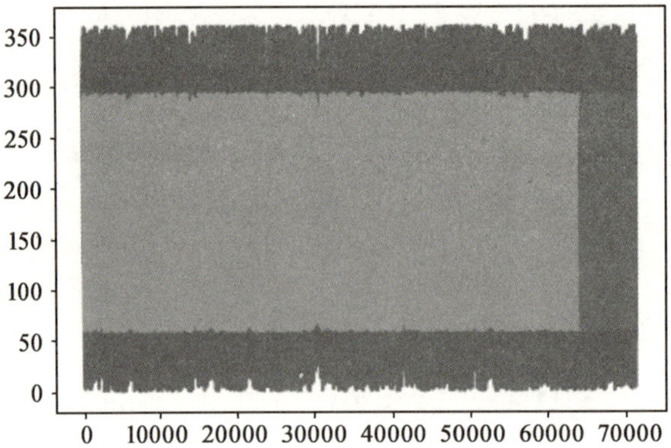

图 5.9 航向角度数据去噪前后预测结果比较

从图 5.8 和图 5.9 可以看出，在运用小波分析进行去噪预处理之后，LSTM 网络模型所预测的结果更具有收敛性，数据的拟合程度也很好。

表 5.8 训练结果与测试结果

项目	训练结果	测试结果
速度	7.23	6.85
航向	72.15	70.18

测试数据的 RMSE 明显比训练数据的 RMSE 小，说明数据的预测结果良好。进而对用户的轨迹进行预测。预测位置的经纬度坐标与感知位置的经纬度坐标之间的距离平均化之后，显示预测误差的均值为 82.527，在预测误差的标准范围 100 之内，说明预测有效。

第二步，将用户预测的轨迹数据通过 Python 软件的地理数据处理库 geopy 转换为地址数据。转换的部分结果如表 5.9 所示：

表 5.9 的第二列是预测数值，即预测定位点的经度和纬度数据，第三列是经过地理数据处理库转换之后得到的地址。

第三步，计算用户在地理区域的停留时间。考虑到瑞士的行政区划方式与我国有所不同，瑞士的行政区划系统的第一层是州，第二层是区，第三层是市，而且预测轨迹数据中用户在洛桑区的数据最多，且较为全面，所以本节选取洛桑区的轨迹数据进行研究。本章将探讨在同一行政区划中，利用用户的移动轨迹来感知区域功能。

表 5.9 地址转换结果(部分)

编号	经度,纬度	地址
1	46.52178548,6.630242827	瑞士沃州洛桑区洛桑市 Rue du Grand-Pont 街区 12 号
2	46.52145591,6.630175855	瑞士沃州洛桑区洛桑市 Route de Bel-Air 街区 1 号
3	46.52131702,6.630157583	瑞士沃州洛桑区洛桑市 Route de Bel-Air 街区 1 号
4	46.52116698,6.63011341	瑞士沃州洛桑区洛桑市 Place de l'Europe 街区 9 号
5	46.52112247,6.630127156	瑞士沃州洛桑区洛桑市 Place de l'Europe 街区 9 号
6	46.52100303,6.630136125	瑞士沃州洛桑区洛桑市 Place de l'Europe 街区 9 号
7	46.52089532,6.630354725	瑞士沃州洛桑区洛桑市 Passerelle du Grand-Pont 街区 Place de l'Europe, Passerelle
8	46.52078267,6.630382888	瑞士沃州洛桑区洛桑市 Passerelle du Grand-Pont 街区 Place de l'Europe, Passerelle
9	46.52077923,6.630386995	瑞士沃州洛桑区洛桑市 Passerelle du Grand-Pont 街区 Place de l'Europe, Passerelle
10	46.52079239,6.630299321	瑞士沃州洛桑区洛桑市 Passerelle du Grand-Pont 街区 Place de l'Europe, Passerelle

接下来计算用户在地理区域的停留时间,这样可观察到在这半年时间内,该用户在同一地点的停留时间长短以及停留时间特征。将用户的出行按照五个时间段进行划分。首先将用户的出行按照工作日和周末划分,因为人们在工作日和休息日的出行规律有一定的差异性。在工作日,时间段划分为上班时间、下班休闲时间和凌晨,分别为 8:00—18:00,18:00—0:00,0:00—7:00。在休息日,时间段划分为白天和凌晨,分别为 8:00—0:00,0:00—7:00。按照这样的划分规则计算出用户在不同的时间段里每个地点的停留时间。

用户的移动轨迹地址是以门牌号为最小单元,但是往往一条街道、一个街区有着相同或相似的功能。例如,一条商业街上不同门牌号的店铺发挥的都是购物功能。所以在划分地理区域时不必按照门牌号为划分标准,而是仅保留地址当中的街区。一共从 41770 条数据中提取出洛桑区的 258 个地点。其中,在工作日的白天时间提取了 125 个地点,在工作日傍晚时间提取了 97 个地点,在工作日凌晨时间提取了 188 个地点,在周末白天时间提取了 174 个地点,在工作日凌晨提取了 177 个地点。提取的地点以及停留时间见表 5.10。

表 5.10 用户地点及停留时间(部分)

No.	add	time1	time2	time3	time4	time5
1	A1a	30	10	40	0	0
2	A9	70	110	170	10	0
3	Allée Ernest-Ansermet	0	0	30	0	0
4	Avenue Agassiz	0	0	60	20	0
5	Avenue Alexandre-Vinet	1634	5609	1144	798	139
6	Avenue André-Gindroz	785	130	283	324	100
7	Avenue Antoine-Henri Jomini	239	110	120	60	10
8	Avenue Benjamin-Constant	0	0	54	40	10
9	Avenue Charles-Dickens	84	0	0	0	0
10	Avenue Collonges	975	0	519	431	363
11	Avenue d'Echallens	1385	0	26056	2156	2256
12	Avenue d'Ouchy	178	0	0	40	0
13	Avenue d'Yverdon	0	0	334	130	0
14	Avenue de Beaulieu	350	1407	13126	612	813
15	Avenue de Cour	0	0	9034	229	0
16	Avenue de France	1026	0	19707	873	886
17	Avenue de Gratta-Paille	10	0	0	0	0
18	Avenue de l'Université	0	0	20	0	0
19	Avenue de la Chablière	30	0	89	0	0
20	Avenue de la Gare	4924	0	30	239	0
21	Avenue de la Rapille	0	0	0	20	0
22	Avenue de la Rasude	12	0	0	0	0
23	Avenue de la Vallombreuse	0	0	0	449	0
24	Avenue de Milan	0	0	30	0	0
25	Avenue de Montbenon	0	0	30	0	0

表中的第一列数据 add 表示提取的地点，time1、time2 和 time3 分别表示用户在工作日的 8:00—18:00，18:00—0:00，0:00—7:00 时间段内在该编码区的停留时间，time4 和 time5 表示用户在周末的 8:00—0:00，0:00—7:00 时间段内在该编码区的停留时间。

为了消除量纲的影响，使结果更加准确，需要将表 5.9 中的时间数据标准化。

5.4.2.2　层次聚类模型

本章利用 Python 软件中的 sklearn 层次聚类函数，对标准化后的表 3.4 中的编码区聚类。设置聚类方法为 ward 法，采用 euclidean 距离。聚类结果见图 5.10。

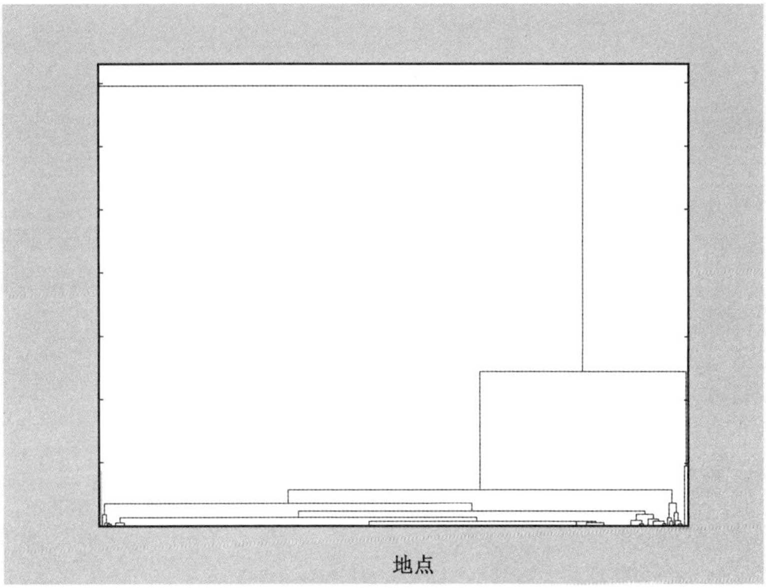

图 5.10　地点聚类结果树状图

根据树状图，当聚类数 $k=3$ 时较为合适。

归为第一类的地点有 216 个，归为第二类的地点有 19 个，归为第三类的地点有 25 个。对不同的分类结果画出各个分类的地点的 time1、time2、time3、time4、time5 的数值绘制成折线图，结果如图 5.11 所示：

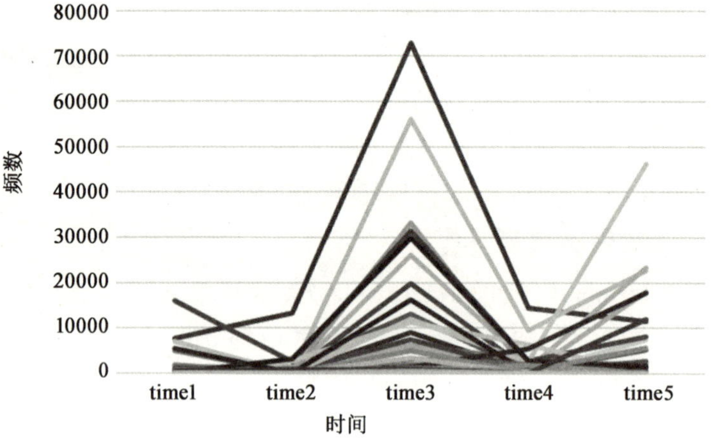

图 5.11　Cluster 1 的折线图

从图 5.11 的折线图可以看出，折线在 time3 和 time5 位置出现波峰，在其他点的数值较低，说明用户在这一类的停留时间主要集中于工作日和周末的凌晨时间，所以可以推断类别 1 的地点为该用户的住宅休息处。

观察图 5.12，可以看到每条折线在 time1 位置的值明显比其他时间点的值大，time1 是工作日 8:00 到 18:00 时间段，为上班时间，所以推测类别 2 的地点为用户的上班地点。

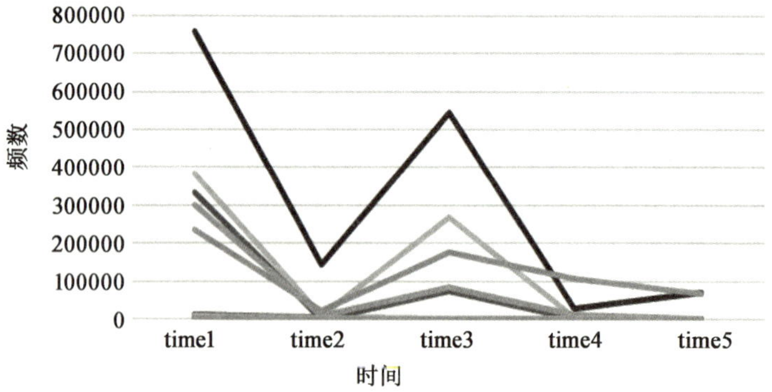

图 5.12　Cluster 2 的折线图

图 5.13 的折线普遍在 time2 和 time4 位置出现波峰，且其他点上的值相对较低。time2 是工作日 18:00 至 0:00 的晚上时间，time4 是周末 8:00 至 0:00 的休闲时间，用户在此类地点的停留相对集中于娱乐休闲时间，所以推测分类 3 的地点为该用户的休闲娱乐地点。

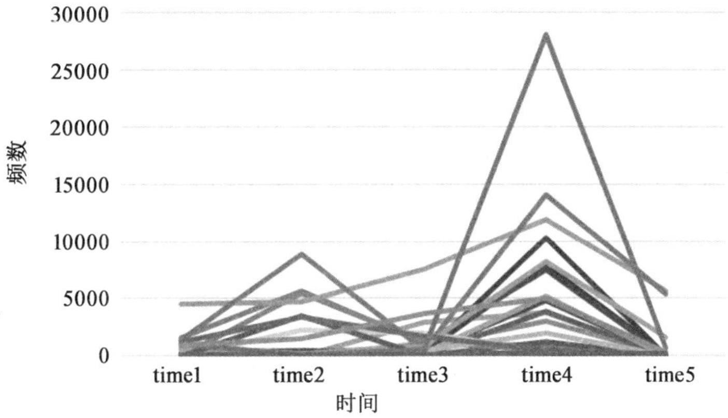

图 5.13　Cluster 3 的折线图

在得到分类地点的功能之后，可以进一步推测出城市对于该用户的主体功能。对于提取出的 257 个地点，其所对应的城市包括洛桑、埃帕兰日、洛桑上勒蒙以及洛桑上罗马内勒。其中，类别 1 的 215 个地点中，有 193 个地点属于埃帕兰日，4 个地点属于洛桑，18 个地点属于洛桑上罗马内勒；类别 2 的 18 个地点中，有 13 个地点属于洛桑，3 个地点属于埃帕兰日，2 个地点属于洛桑上勒蒙；类别 3 的 24 个地点中，有 9 个地点属于洛桑，8 个地点属于洛桑上勒蒙，4 个地点属于埃帕兰日，3 个地点属于洛桑上罗马内勒。如图 5.14 所示：

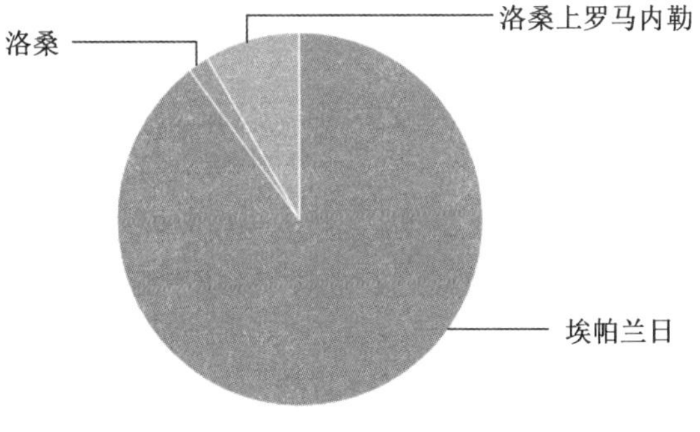

图 5.14　类别 1 中各个城市的占比

从图 5.14 可知，埃帕兰日在类别 1 中占据的比例最大，是该用户在休息时间主要活动的区域，具有居住功能。

综合分析图 5.15 和图 5.16 可以看出，洛桑同时在类别 2 和类别 3 中位居第一，主要具有办公和娱乐功能。洛桑上勒蒙在类别 3 中所占的比例仅次于洛桑，也具有娱乐功能。洛桑上罗马内勒的占比在各个分类中并不突显，所以这里对其功能不做讨论。

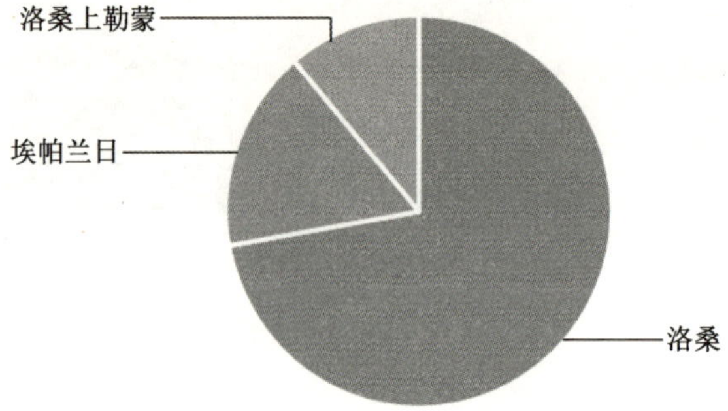

图 5.15　类别 2 中各个城市的占比

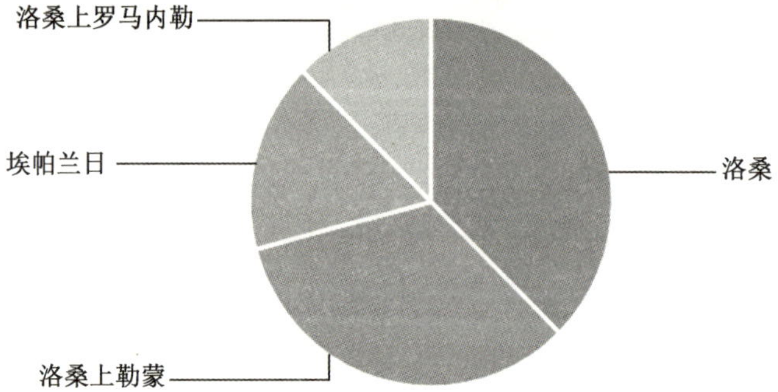

图 5.16　类别 3 中各个城市的占比

007 用户是年龄在 39～44 岁的女性，并且具有全职工作，每天乘坐公共汽车和地铁上下班，有时也会乘坐私家车、火车、骑自行车出行，也会选择步行的出行方式。所以，在洛桑区，对于类似于 007 用户这样的中年上班族女性来说，埃帕兰日的主要功能是居住功能，洛桑的主要功能是办公和娱乐，洛桑上勒蒙的主要功能是娱乐。而且每一类中，用户停留时间较多的地点可视为这一类功能区的中心地点，是能够代表功能区的地点。

分析用户在各个地点的停留时间可以看出，用户停留时间较长的地点大约占用户所有访问地点的 20%。也就是说，如果将用户在一个较长时间段内，在一个城市的轨迹范围称为辐射区的话，那么用户的日常活动较为频繁的范围仅占用户辐射区的 20%。所以对于城市规划者来说，这 20%的范围是规划的重点区域。完善这一区域内的公共基础设施、健全区域功能，能够为居民创造更加便利的生活条件。

5.5　本章小结

5.5.1　本章的主要结论

随着现在移动通信技术和定位技术的发展，关于用户的大量个人信息已经被记录在手机端。利用用户的移动轨迹数据挖掘用户的出行规律，是提高社会资源利用率、促进城市经济协调发展、构建智慧城市的重要支撑。本章以小波分析和 LSTM 神经网络模型为工具，提出了进行人口移动轨迹预测的新方法。并利用 Nokia 大数据挑战赛提供的数据进行了实证分析。在此基础上，探讨了移动用户的出行模式以及城市的区域功能。具体工作和主要结论如下：

(1)依据手机端接收到的手机信号的特点，并结合人口移动的物理计算方法，提出了结合小波分析和 LSTM 神经网络的人口轨迹预测模型。以 Nokia 大数据挑战赛提供的志愿者信息为实验数据进行实证分析，实验结果的预测准确率达到了 87.89%，高于 Nokia 大数据挑战赛位置预测的平均准确率 59%。并且在运用小波分析对移动数据降噪之后预测精度提升了 9.7%。证明本章提出的预测方法能够较为准确的预测出用户在下一时刻的位置，具有良好的应用前景。

(2)利用用户的轨迹预测数据，结合层次聚类的分析方法，分析研究了该用户的出行规律，并分析了该城市的热门区域，主要得到如下的结论：

• 根据分类结果，用户所涉足的区域大致可划分为三类：住宅区、商务区、娱乐休闲区。而且用户在同一区域的活动时间趋势相似，不同区域的活动时间趋势有差异，这些说明本章提出的将层次聚类方法应用于区域功能的识别是有效的。

• 用户的生活方式呈现出新形势，住宅和办公地点不在同一个城市。办公地点位于繁华的大都市，而居住地点则位于附近的中小城市。这可能是人们未来工作生活模式的发展趋势。城际之间交通的便捷与城市功能的专一化将会是城市未来的发展模式。

• 用户访问次数较多的区域大约占用户半年来全部出行区域的 20%。这说明用户日常的出行范围仅占全部活动范围的 20%，在剩余 80%的范围内用户只是经过或者短暂停留。这也印证了有关学者的研究理论，即用户 80%的出行都集中在较小范围内。

(3)白日人口状况直接影响着城市交通状况,白日人口密度越大,则造成的交通压力就越大。所以通过研究白日人口的移动轨迹可以帮助改善交通管理水平,完善道路交通网建设,让市民体验到畅快的道路交通服务。同时,白日人口也是城市财富的主要创造者,其素质水平与一个城市的精神文明息息相关。所以城市的经济发展水平很大程度上取决于白日人口的状况,智慧城市的建设需要以白日人口的相关研究为前提。

5.5.2 研究建议

根据上一节对文章的梳理与总结,本章提出以下几点针对性建议:

(1)如今城市内部的交通网越来越便利,人流量非常大。通过本章的实证分析发现,居民在城际之间生活、工作是未来生活模式的发展趋势,所以在城际之间每天会出现早高峰与晚高峰。

结合我国大型城市目前的发展状况,越来越多的人选择在城市的郊区居住,在城市的中心区域工作,这与本章所得出的发展趋势是相一致的。因此,大型城市不可避免的就会出现交通堵塞、空气污染等城市问题。所以对于城市规划者来说,要依据未来人口轨迹估算人流量来合理规划城际之间的交通路线,引导人们选择绿色出行的方式,力求以最少的成本最大限度地解决交通问题,避免出现交通堵塞状况,解决环境承载力问题。

(2)随着大量人口源源不断地涌入大城市,我国城市化进程的脚步正在加快,建立大都市的卫星城将会是未来城市规划的趋势。中心城市主要为居民提供商务办公、休闲娱乐的场所,卫星城则主要是居民生活聚居的地方。人口大城市不再具备所有功能,或者会出现某些方面功能的弱化,城市与城市之间会出现功能上的互补。

卫星城的选择既要毗邻中心城市,节约人们的出行时间,同时又要考虑地理位置因素,事宜人类居住,服务于中心城市的建设和发展。在城市群的发展过程中,中心城市将和卫星城市协调发展,相得益彰。城市群的良好发展必能带动该区域以及周边区域的经济发展,随之而来的便是人们享受智慧生活所带来的方便与快捷,生活水平显著提升。

(3)为了方便居民的生活,城市规划者要在住宅区、商务区辐射范围的20%的范围内,完善公共基础设施,满足居民日常生活所需,包括休闲娱乐需求、日用品需求等等。但是这些功能都是满足人们日常生活的基本功能,与中心城市的功能仍有差异。按照马斯洛需求理论的划分,居民20%的生活范围内的区域满足的是人们生理上和安全上的需求，中心城市的功能则满足人们情感、尊重、自我实现的需要。此外，完善住宅区的功能，能够方便居民的生活和出行，促进城市经济的发展，达到人和城市共赢的结果。

(4)本章针对中年上班族女性人口的轨迹预测数据进行了分析，也可以用相同的方法对其他的特征群体进行分析，例如，常住人口、非常住人口，旅游人口，青年人口、老年人口，探讨不同特征群体的轨迹移动特征。对于常住人口和非常住人口，可以通过分析他们的移动轨迹来分析二者的出行模式、生活习惯、社交网络存在哪些差异。挖掘旅游人口的移动轨迹背后隐藏的信息，可以帮助旅游部门规划出更人性化的旅游线路，完善旅游路线的交通状况，防止在旅游旺季时客流量的高峰时刻交通出现拥堵现象。

因此，城市规划者可依据不同群体的动力学特征、人流量大小、生活需求，合理规划交通，开发城市多层次的功能区，创建智慧城市，以最合理、最便捷的方式为居民生活提供服务。

(5)本章提出的人口轨迹预测方法和区域功能分析的方法具有一定的普适性。虽然本章采用的是国外人口数据，但是将其应用于国内数据进行相关方面的分析也是可行的。通过分析国内的人口数据，结合我国的具有中国特色社会主义的实际国情和城市的发展状况，可以为我国各大城市及其附近的二、三线城市的整合性规划提供参考性意见，从而实现以点带面的区域性发展。

目前，我国政府和各相关部门正积极践行“一带一路”的发展战略，会带动沿线的城市、地区、国家的协同发展。如果将沿线地区的人口移动轨迹加以分析利用的话，从一定程度上便可以发现出这样的经济发展战略在潜移默化中对我国居民生活水平、城镇化建设、经济发展水平的发展状况，为研究我国的经济理论提供了参考方法。

(6)通过分析可发现，人口轨迹数据当中隐藏着关于用户丰富的个人信息，这些信息关于每个人的出行规律、兴趣爱好、访问记录等，对于每个人来说是非常重要的。将这些数据加以合理的开发和利用，可以帮助我们分析人口的动力学规律，为经济的发展提供一些参考依据。但是如果这些信息被不法分子获得应用于违法领域，必将造成大规模的个人信息泄露，增加社会的不稳定因素。

早在1999年美国通过追踪部分手机用户的通话记录，描绘用户地理位置轨迹，获得了人口流动性的研究经验；德国2006年通过西门子移动手机设置了识别客户流动的芯片而进行流动人口的估算，由于样本规模较小，无法实现外推，因而只得到客户流动的比例等初步信息，而无法测度总的流动人口规模。2000年以来，欧盟统计局也加强了对流动人口的估计，通过居民护照、航空记录、欧洲之星列车和旅行等记录来估算流动人口，其中也包括对移动通信数据的分析和推算。芬兰、瑞典、日本等国也有对通信数据进行流动性分析的相关研究。但上述研究均没有从统计方法和制度方面对流动人口的经济社会特征展开研究和改进，主要原因：一是美国等西方国家高度重视个人信息的隐私，一些政府组织和非政府组织进行的人口流动性研究，若涉及个人隐私将被视为非法，斯诺登曝光的“棱镜计划”就是一个例子；二是这些国家的移动通信的流动性研究大部分是基于商业目的而进行的，主要目的是服务于移动通信运营商计费和成本方面的考量，研究层面局限于公司和行业；三是以技术性的研究为主导，没有对移动通信数据的社会经济记录进行外推和规模估算等研究，无法实现统计方法和制度的改进。鉴于此，政府要完善相关方面的法治法规，为个人隐私的保护筑起一道钢铁长城。与此相关的各个部门也要积极配合政府，为保护个人数据贡献一分力量。移动通信技术公司也要加强技术的安全性，从根本上保护每个人的隐私，从源头上有效防止犯罪行为的发生。

(7)移动通信数据是从手机端采集到的，其获取不受时间、空间的限制，获取方式便捷。而且获取的数据记录全面，既包括用户的通话数据、移动轨迹数据，也包含了用户使用手机软件、使用手机时间等关于用户个人习惯和爱好的大规模数据。如果能够采用合适的方法对移动通信数据加以开发和利用，必然能从中探索到关于个体行为学特征、用户爱好的相似性、地理位置与用户爱好相关性等更多方面的信息。所以，移动通信数据有着巨大的应用前景，为人类未来实现智能生活提供了重要途径。

第6章　基于移动大数据的城市感知与计算

在第5章中，利用007号个体志愿者的手机端移动数据提出的人口移动轨迹预测模型，是基于单个用户的手机数据对个体活动模式的反映，但是随着传感设备的发展，城市中可获得海量的手机数据，可通过在个体行为和宏观社会经济现象之间建立联系，展现该城市的动态变化特征并服务于相关应用，从而为研究者提供更为直观的观察和分析手段，更好地解决从微观到宏观的行为汇总难题，有助于了解城市的交通路况、人口密度、经济活动强度、资源分配等状况。通过人口移动轨迹预测模型分析人口出行规律和区域功能，进而对城市功能区的构建、城市交通规划提出一些建议，达到促进城市功能升级，转变城市产业结构的目的。

由此，可以发现基于移动轨迹对城市感知的相关研究逐渐成了当今社会各界研究的重点。例如，地理信息服务企业可以借助分析用户移动位置轨迹的结果，识别出地图上交通不健全的区域，发现城市中新出现的交通路段，就可以更新改进目前的地图服务系统，使虚拟服务系统以最大程度与现实的道路交通状况相拟合，从而可以获得更多用户的好评，进一步提升产品竞争力；从人口的原始轨迹信息背后可以发现关于人们之间的社会网络关系，结合推荐算法的使用可以为人们推荐旅游地点、有效广告、可能认识的好友等。

由此，本章将引出城市计算的概念并分析其应用。在城市化进程中空气污染、交通拥堵、能耗增加和规划落后等严重影响了人们生产生活城市，城市计算旨在通过城市产生的数据来解决这些切实问题。它可以创造出改善城市环境，人类生活质量和城市运行系统的双赢解决方案，也有助于我们了解城市现象的本质，甚至预测城市的未来。然后，对城市计算的基础轨迹数据分析进行了具体阐述，介绍了轨迹数据的获取、挖掘及预测的研究现状。最后以Nokia手机志愿者为例介绍城市计算的应用，对这些用户的移动轨迹进行聚类分析，通过聚类，可以很好地识别出对象空间中的密集和稀疏区域，并提取数据中的相似性和异常性等特征，进一步来获取数据间的属性关联以及全局的分布情况。能使一些原本只能用于可视化或定性观察的轨迹数据转换为多类定量的时空对象的行为模式，进而结合对象属性转换成知识，帮助人们更好地理解个体在时间与空间维度上的特性，并对各类对象的行为做出相应的预测，以期在此基础上实现城市的智慧化管理和运行提供理论参考。

6.1 背景与意义

新型城镇化的快速推进使许多人的生活更加信息化，但现代化的同时也不可避免地产生了交通拥堵，能源消耗和环境污染等重大问题，以及由此引发的城市住房难、就医难、上学难等民生问题，因而，城市计算在这样的背景下提出。城市计算是以城市为背景，通过不断获取、整合和分析城市中多种异构大数据来解决城市所面临的挑战(如环境恶化、交通拥堵、能耗增加、规划落后等)的过程，致力于提高人们的生活品质、保护环境和促进城市运转效率。城市计算涉及交通、规划、社交娱乐、经济、能耗、安全和环境七类应用。将城市大数据转变为城市计算、分析和优化服务，以此来服务城市规划、城市管理部门，实现城市的智能管理。

人类社会中个体/群体在地理空间的移动过程反映着纷繁复杂的区域人地关系。对这一移动过程特性的研究形成了地理学、社会学、物理学、流行病学、城市规划与管理等学科共同关注的主题—人类移动性。移动特性不仅体现了人们的生活方式，也间接地反映着一个地区的社会发展情况。人类移动性也是构成城市计算的一部分。不同学科由于关注的研究内容不同，所采用的研究方法也不同，使人类移动性的研究方法呈现出多样化的特点。人类动力学等新兴研究方向，使人们重新审视精细化研究空间交互现象、交通出行预测等众多经典问题。在移动互联网时代，基本每个人都拥有一个手机，而且随着物联网的日益普及，将会有更多的传感器可以感知整个物理世界。移动电话与用户一对一绑定，随时随地随身携带的特点使之成了人们体现位置信息的新载体。丰富的详细呼叫记录给我们提供了一个全新的途径描绘人们的位置信息和移动行为。时间、地点、人物，记录着每一个用户的生活轨迹，千万个用户移动行为的汇聚，则描绘出一个地区的社会生活状态。

随着移动互联网的兴起和大数据时代的到来为城市的感知与计算提供了更广阔的平台，信息的飞速发展以及传感设备的不断完善使得能够更好地感知我们赖以生存的城市，从而能够更好地指导人们的生产生活，指引我们一步一步向高效率的智慧城市不断前进。

6.2　相关概念及文献综述

6.2.1　城市感知与计算的相关研究

城市计算通过不断获取、整合和分析城市中多种异构大数据来解决城市所面临的挑战的过程。新型城镇化的快速推进使许多人的生活更加信息化，但现代化的同时也不可避免地产生了交通拥堵，能源消耗和环境污染等重大问题，以及由此引发的城市住房难、就医难、上学难等民生问题。城市计算旨在通过城市产生的数据(例如，交通流量，人员流动性和地理数据)来解决这些切实问题。城市计算将城市传感，数据管理，数据分析和服务提供连接成一个不间断和持续改善人们生活，城市运行系统和环境的经常性过程。城市计算也有助于我们了解城市现象的本质，甚至预测城市的未来。城市计算的基本框架包括城市感知及数据捕获、数据管理、城市数据分析和服务提供(图 6.1)。

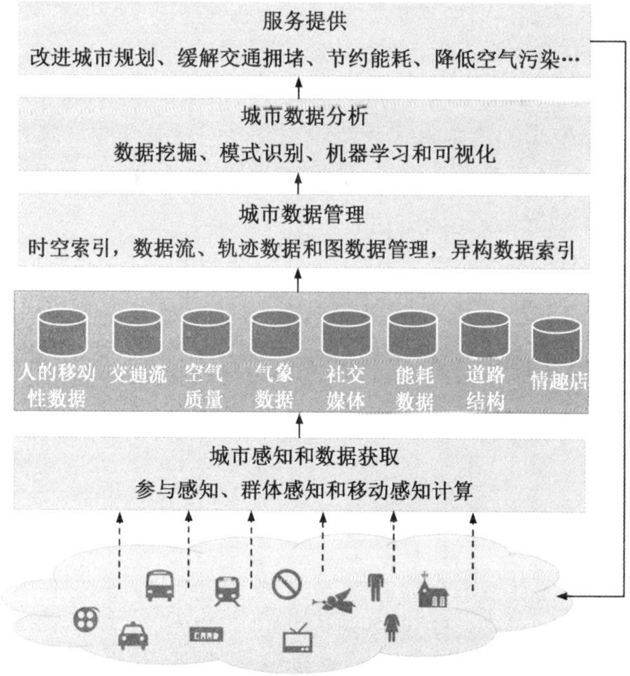

图 6.1　城市计算框架(引自郑宇(2015))

6.2.1.1 城市计算的研究方法

城市计算中所应用到的技术有:传感器技术、数据管理技术、混合数据可视化和数据挖掘等。

1. 传感器技术

以数据为中心的智慧城市技术从顶层设计到具体的技术细节,均是以海量的城市数据作为核心支撑的,因此城市数据的感知与获取技术就成为研究工作的整体技术基础。用于监测城市环境指标(温度、湿度、PM2.5、噪声等)、道路交通网的数据流量的无线网(Wireless Sensor Network,WSN),该网集传感器、微机电系统与网络三大技术而成,是一种全新信息获取与处理技术。传统的城市传感器技术在为不同的行业应用提供服务的同时,也直接或间接地收集到了大量的城市动态感知数据,这些数据使得现有的研究工作成为可能。与此同时,随着移动互联网的兴起,人们可以随时随地的记录和分享自己的所见所闻,使"以人为传感器"对城市进行感知的群体感知技术开始日渐兴起。例如,使用微博数据对2014年北京市"7.21"暴雨的积水点进行了检测,其结果与实际积水地点基本相符。目前,群体感知技术在智慧城市应用当中还只是传统数据获取方式的一种补充,相信在不久的将来,群体感知技术将会逐步走向前台,成为智慧城市应用的一项主要数据来源。目前,对传感器技术研究主要集中在感知数据存储与索引,以及WSN数据查询技术。包括查询动态数据和查询优化技术以及历史数据的查询与挖掘,可运用数据挖掘技术,挖掘传感器节点行为模式(确定传感器节点行为的关联规则)以及传感器中数据流频度序列等。

2. 数据管理技术

该技术包括:流数据管理、轨迹管理、图数据管理以及时空索引技术等。针对流数据的特点,通常需引入滑动窗口,将流数据的描述从无限"流"转化成有限"流",当前国内外基于时序的界标模型与滑动窗口模型的查询技术处理包括:聚集查询、查询非确定数据流整体统计信息、Top-k查询,以及在此基础上演变出的包括:U-Topk、U-k Rawks、PT-L与Pk Topic等多种不同形式的查询。

在城市计算中探求出租车寻客策略、客户打车的规律、异常轨迹检测、城市道路流量预测;以智能手机为载体,用户移动社交网寻求最近兴趣点的服务;由移动电话的数字轨迹,以测量城市交通系统效率,对轨迹频繁模式挖掘,轨迹中兴趣点的查询定位,兴趣点之间最优路线的搜索与预测等。

城市计算中的道路交通网络、移动社交网络、移动手机网络等,均可表达为图模型。图数据管理的重要目标在于查询处理,其中包括简单查询和特定图顶点(兴趣点)或边的查询,另一类为复杂的查询计算与图挖掘,如RWR(Random Walk with Restart)计算,子图挖掘等。

(3)城市环境异构数据可视化

近年来,国内外在交通信息可视化大体分四类:①GIS的可视化应用。②高维(三维以上)信息可视化。③交通仿真模拟。④其他数据融合的分析的可视化。另外,在城市交通管理中,可利用微观交通仿真的可视化,如北大的Trip-Vista系统。此外,应用于城市计算中的,还有数据挖掘技术、多种挖掘技术与机器学习算法均可用于该领域。数据可视化技术能够将复杂纷繁的城市数据以一种简洁有序的方式呈献给用户,可以很好地填补技术到用户之间的理解鸿沟。在城市数据应用的推动下,数据可视化必然会成为未来智慧城市技术体系当中至关重要的一环。

(4)数据挖掘技术

数据挖掘技术是大数据时代进行数据利用和知识发现的另一项核心关键技术,构建以数据为中心的智慧城市也必然需要数据挖掘技术的大力支持。该领域一个主要的挑战在于如何在海量多源的城市数据当中寻找合适具体应用的数据子集。例如,城市动态检测研究往往需要所使用的城市数据子集尽可能多地涵盖城市动态特性的各个方面,而具体的附加行业应用则要求数据所包含的信息尽可能的单一纯粹。这些互斥性的数据需求给城市数据的收集、管理和挖掘都带来了巨大挑战,解决好数据子集的选择问题与子集间不同数据的融合问题,是在智慧城市领域进行数据挖掘研究的关键所在。

6.2.1.2　城市计算的应用

城市计算技术能为城市的不同行业提供巨大的帮助,收集海量城市数据的过程本身就是为了支持与之相对应的行业应用。如手机数据是为了提供更好的移动通信服务,实时GPS数据能提供导航服务等。除了这些数据本身所对应的专门应用之外,城市数据还可以用于提供与最初数据收集过程无关的行业应用,比如一些具有代表性的研究工作包括能源消耗、空气质量、住房价格和地图测绘等等。

(1)城市规划

城市规划是政府的一项重要职能。其作为一种政府行为对城市发展起到宏观调控和综合协调的作用,城市规划的各项工作要针对各个城市的特点,研究其自身的发展规律,探索适应期经济发展、保护生态环境和人居环境建设的理论和方法。城市规划的本质内核从古至今并未改变,城市规划的外延却是随着时代的发展、社会需求的变更、技术的进步而呈现不断扩大的趋势。

随着城镇化的发展,城市规划迅速发展。这一时期的城市规划研究由计划经济时期的以设计为主向多个方面拓展。主要有三个方面:城市研究、提出适当的规划方案和城市设计。

制定城市规划需要评估各种因素，如交通流量，人员流动性，兴趣点和道路网络结构。这些复杂和快速演变的因素使城市规划成为一项非常具有挑战性的任务。传统来说，城市规划者依靠劳动密集型调查来支撑他们的决策。例如，要了解城市通勤模式，根据旅游调查数据进行了一系列研究。通过调查获得的信息可能不够充分、不够及时。

使用城市数据对于建设规划的合理性进行评估是近两年新兴的一个研究方向。Zheng et al.(2011a)使用城市出租车 GPS 轨迹数据测算了北京市不同城区之间的连通性，并设计了 3 种指标对于城区之间的交通性能进行评估，其所取得的成果可以用来检测城市的设计失误和评价城市的设计优劣。

(2)功能区识别

识别城市不同区域的主要作用是理解城市特点的首要任务之一，开展城市规划工作是指导城市建设发展的主要手段。城市功能区识别是指利用城市运行数据和动态特征，对于城市的各个不同区域按照其在整个城市中所承担的功能进行识别和标注，例如划分出商业区、住宅区、工业区、行政区等。

早期的城市功能区域识别工作只对城区进行了粗粒度的功能区划分：2003年，Herold et al. 提出 3 种功能分区，即住宅区、工商业区、公共机构区。2005 年，Puissant et al. 区分住宅区、非住宅区两种类型的城市功能区划。2011 年，Vande et al. 则将城市的功能区进一步细化为 4 种，即商业区、工业区、服务区、住宅区。在一些结构单一、形成时间短、规划效果好的城市当中，这些粗粒度的城市功能区域划分能够表现出较好的性能，但对于我国城市上述算法很难满足实际需求，还需要有更加细粒度的城区识别技术。

针对上述需求，2004 年，Chen et al. 将城市的日常通勤模式划分成住宅区模式、工作区模式和其他模式，每一个城区的功能被细化为 3 种不同模式。Zhang et al.(2012)提出了对于城市的住宅区密度分布进行测算的方法，用来测度某个城区属于住宅区的概率。2013 年，Pan G. et al. 使用 OD 语义流来探究不同出发点到城区之间的相互关系。浙江大学的 Pang 等基于出租车的 GPS 数据利用基本的 SVM 算法对杭州市不同城区的功能进行了细粒度的划分，获得了高达 95%的城区功能识别率。2013 年，微软亚洲研究院的 Zheng et al. 借鉴自然语言处理领域中的文本主题分类方法对北京市的城区域功能进行识别和分类，并配合 POI 数据使用改进的 LDA 模型对城市区域进行分类，取得了非常好的分类效果。

(3)智能交通

城市交通规划与设计是城市计算的核心技术。近年来相关的客流预测、路网的仿真系统，路网网络分析以及基于出租车轨迹挖掘技术相继出现。研究人员利用手机数据技术对道路和特殊兴趣点的类型进行划分，例如，Luck et al.（2002）、Pacifici et al.（2009）对城市的街道类型进行了识别和划分。

2002—2004两年间，Latora et al.分别对美国波士顿市的交通网络、印度的铁路网络以及波士顿和维也纳轨道交通网络进行了研究，发现上述网络均满足小世界特性。

2008年，Jung et al.采用公共交通数据和私人交通数据对韩国的高速公路网络进行了研究。研究结果显示，公共高速公路网络为无标度网络，但与私人交通网络合并后符合重力模型。Lee(2008)对韩国首尔的地铁网络进行了研究，研究发现首尔地铁网中边的权重分布为幂律分布，对于客流数据通过生成树模型构造出的图，其强度为对数正态分布，度分布为幂律分布。

2010年，Lee对新加坡公共交通网络进行了分析。结果显示，就网络拓扑特性而言，轨道交通网络更接近于随机网络。但在考虑客流网络后，网络整体呈现出无标度网络特性。Derrible et al.（2010）则对加拿大多伦多市的地铁网络的未来发展规划进行了评估，结果显示多伦多地铁网络在之后25年将更加优化。Yuan et al.（2010）构建T-Drive系统用装有GPS传感器的出租车来感知交通流量，并为普通用户设计真正意义上的最快驾车线路。

2011年，T-Drive的改进版进一步考虑了天气以及个人驾车习惯、技能和道路熟悉程度等因素，提出了针对个人的个性化最快线路设计。通过分析出租车乘客的上下车记录，T-Finder提供司机和乘客的双向推荐服务，通过推荐能够一定程度上解决非高峰时段的打车难问题，但对于高峰时段，该系统并不能真正解决问题。还有人通过分析出租车的轨迹数据来建议公交线路。利用乘客在地铁系统中的刷卡数据来估计单个地铁站点内的拥挤程度和不同站点间的通行时间，从而优化人们的出行线路、时间和购票方式的选择。

2014年，同济大学李小伟等提出基于混合神经网络与卡尔曼滤波器建立客流预测多层次模型，并以上海地铁交通为例进行了客流观测，取得了较好的实用效果。Wang et al.（2014b）根据历史和实时的出租车轨迹数据，结合兴趣点和路网结构等地理特性，利用矩阵的联合分解和协同过滤机制来实时计算任意单个路段的通行时间，并利用动态规划算法来找到不同轨迹的最佳组合方式，得到最优时间估计。

（4）环境监测

大气污染问题是我国主要大型城市所面临的一个棘手的环境问题。尤其是近几年，北京的空气质量问题受到了从政府到公众的一致关注，PM 2.5、雾霾、空气指数等一直是新闻媒体关注的问题。

为解决近两年我国城市持续出现的空气污染问题，国务院于 2013 年 9 月 10 日印发的《大气污染防治行动计划》提出要从 10 个方面采用综合手段防治大气污染，但人们对于大气污染的认识依然存在着许多空白，并未真正关注预防。

Zheng et al.(2013)基于城市计算技术设计了 U-Air 系统，在环境检测领域取得了初步的研究进展。U-Air 系统利用机器学习技术，使用城市的气象数据、交通数据、城市结构数据、POI 数据等训练获得城市空气质量的时空模型，并使用该模型实现了以 1 km^2 为单位的细粒度城市空气质量报告。该模型解决了相邻空气监测站 PM2.5 读书数倍之差的问题，还能很好地度量不同城市动态因素对空气质量的影响情况。这一研究成果为进一步开展空气质量预报和空气污染治理等大气污染防治工作奠定了初步的基础。

城市的发展带来了很多噪声源，如汽车鸣笛、酒吧和建筑施工等，应对城市噪声污染首先要了解整个城市的噪声状况和噪声构成，但对整个城市的噪声建模却非常困难。

为解决数据的稀疏性问题，2014 年，CityNoise 结合路网数据、POI 和社交媒体中的签到数据来协同分析各个区域在不同时间段和噪声类别上的污染指数。有了这样细粒度的噪声指数，对不同区域在不同时间按照不同的指标来排名。

(5)能源消耗

城市是个复杂的能量代谢系统，弄清楚城市对某一种特定形式能源的消耗量是非常困难的。

2012 年，Momtazpour et al. 通过分析人口数据、车辆轨迹数据、各地区能源消耗情况和 POI 的分布来研究未来新能源汽车的充电站建在何处最优。Tulusan et al. 则通过分析车内总线传感器的数据来设计更加节能环保的汽车驾驶方式。也有不少研究者通过分析汽车内部如踩油门、刹车的时间和次数等的传感器数据来建议经济省油的开车方式。

2013 年，微软亚洲研究院的 Zheng et al. 利用出租车 GPS 数据和城市加油站的 POI 数据对北京市机动车辆的每日汽油消耗量进行了估算。Zheng 的设计实现了从 GPS 轨迹数据中发现加油事件的检测方法，提出了一种能够在稀疏张量当中分析汽车在加油站中加油所消耗时间的评估算法，并实现了能够通过加油时间推断加油站车辆到达频率的排队计算方法。

2014 年，Shang et al. 利用城市中一部分车辆(如出租车)的 GPS 轨迹信息进一步分析了整个路网上行驶汽车的实时油耗和尾气排放情况。这项研究不但可以向用户建议最低油耗路线，还可以做到细粒度的空气污染预警。对长期数据进行分析，还可以发现城市中高能耗路段(建议改进城市规划)，并帮助分析汽车尾气排放的 PM 2.5 占空气中总量的比重，从而为政府决策提供参考建议，如限制交通流量是否真的能够减缓污染情况。

(6)城市经济

城市经济是以城市为载体和发展空间，二、三产业繁荣发展，经济结构不断优化，资本、技术、劳动力、信息等生产要素高度聚集，规模效应、聚集效应和扩散效应十分突出的地区经济。

2009—2012 年，Porta et al. 使用 POI 数据对城市的经济活动分布进行研究。此外，一些关于城市商业区分布的城市功能区域识别工作也可以列入城市经济学的范畴当中。

2013 年，英国科研人员 Karamshuk et al. 设计开发的 Geo-Spotting 系统使用机器学习的方法，利用 Foursquare 应用提供的 LBS 数据，对纽约城区的店铺地理位置与营业收益的关系进行了分析，并以此为依据帮助商户进行店铺选址。Karamshuk et al. 通过分析大量用户的签到数据来为商业选址提供位置建议。例如，麦当劳的选址问题。

2014 年，Fu et al. 结合道路结构、兴趣点分布、人口流动等诸多因素来对房屋的价值排序。即在市场向好时，哪个小区的房价将会涨得更多；相反，市场下行时，哪些小区比较抗跌。与使用传统经济学模型不同，以上这两个例子采用了机器学习算法和数据驱动的方法。

(7)城市安全与应急响应

城市中总是会有一些突发事件，比如自然灾害(地震和洪水等)、大型赛事和商业促销、交通事故和临时管制，以及一些群体性事件。

2011 年，Pang et al. 通过分析北京 3 万多辆出租车的轨迹来发现城市中的异常事件，其主要思路是当异常事件发生时，附近的交通流将出现一定程度的紊乱。2012 年，Zheng et al. 试图用具体的交通线路来进一步解释异常出现的原因。

2013 年，Pan B. et al. 根据司机们路线选择方式的改变来捕捉交通异常，并进一步从相关微博推文中提取关键词来解释异常的原因，如婚博会、道路坍塌。Song et al. 通过分析 160 万日本人一年的 GPS 移动轨迹数据库来对日本大地震和福岛核泄漏事故发生后的灾民移动、避难行为进行建模、预测和模拟。这样便可在灾难之前提前做好准备，例如，为人们推荐合理的撤退线路。

6.2.2 人口移动轨迹相关研究

城市计算已成为认识城市行为、优化城市决策不可或缺的因素，也是解决城市交通、城市环境、突发事件应急等重大社会问题的有效手段。而人口移动轨迹的研究则是城市计算的最重要的研究方向，人们通过人口轨迹分析等手段进行知识发现，并将它们运用在各种交通和位置服务应用系统中，包括交通导航、城市规划、服务推荐、物流配送、旅游发现等方面，轨迹数据挖掘已成为大数据背景下研究社会、城市等复杂问题的重要数据支撑和解决方法。以下将从移动轨迹数据获取、移动轨迹挖掘、移动轨迹预测和三个方面进行现状综述，把握当代移动轨迹研究的热点所在。

6.2.2.1 移动轨迹数据获取

大数据时代下，移动互联网发展与移动终端的普及形成了海量移动对象轨迹数据。轨迹数据含有丰富的时空特征信息，移动对象的运动轨迹在一定程度上反映了个体或群体的社会习惯、意图、喜好和空间行为模式。从大量的移动对象轨迹数据中可以提取出蕴含的关联规则和时空序列模式，对社会动态研究和个性化推荐至关重要。轨迹数据不仅记录了人在时间序列上的位置，也隐喻了人与社会的交互、人在地域上的活动，乃至人与人之间的关系等社会属性。轨迹数据的来源多样复杂，可以通过车载 GPS、手机服务、通信基站、公交卡，甚至通过射频识别、图像识别、卫星遥感、社交媒体数据等不同方式获取，不同的回传轨迹遵循不同的数据格式和坐标系统。

轨迹数据继承了大数据的经典“3V”特征，即量大(volume)、实时(velocity)、多样(variance)。移动对象轨迹数据库的一些特有特征可以总结如下。①时空序列性。轨迹是时空环境下的采样序列，反映移动对象的时空动态性，数据操作以序列为基本单位，在搜索与分析的处理上较复杂。②异频采样性。轨迹的采样间隔差异显著，从导航服务的秒级或分钟级采样，到社交媒体行为轨迹的小时甚至以天为间隔的采样，这种差异性极大影响了轨迹的相似性度量与分析。③数据质量差。由于连续的运动轨迹被离散化表示，特别是当采样间隔达到数分钟以上或设备的采样精度较差时，位置不确定性对轨迹数据分析构成极大挑战。④路网相关性。在交通类应用中，轨迹的运行状态通常限于交通路网，因此数据分析需要首先完成 GPS 空间向路网空间的映射，并利用路网的时空拓扑信息优化数据处理。

轨迹数据是带有时间戳标记的一系列位置的集合。目前，已有多个数据集应用到人类移动规律的研究探索中，主要包括志愿者数据、手机终端定位与通讯记录、社交网络签到数据以及浮动车行驶轨迹等。

(1)志愿者数据

志愿者数据集比较知名的有 Nokia 的 MDC 数据集和微软中国研究院的 Geolife 数据集。Nokia 的 LDCC 计划产生的 MDC 数据集，不仅记录了手机用户所处的基站数据，还记录了通话与短信、WiFi 与蓝牙设备及各种 App 的使用情况。Trinh 等依据该数据集进行了下一个位置与将使用的 App 的预测研究，Etter et al.（2013）在该数据集上开始了从一个位置预测将要去的下一个位置的研究，这 2 项研究均取得了较好的效果。而微软亚洲研究院的 Geolife 项目采集了 128 名志愿者近 4 年的 GPS 轨迹信息，用于经典旅游路线检测、交通方式判别、生活模式挖掘等研究。郑宇等在 Geolife 数据集上，也开展了移动行为预测的研究，并根据轨迹的相似性计算用户的相似性，进行了个性化的位置推荐试验，取得了较好的研究效果。此外，当研究城市居民的通勤、购物、休闲和娱乐等各类活动行为特征时，志愿者 GPS 数据也可与调查问卷、活动日志等传统的个人时空数据采集方式相结合。志愿者 GPS 数据的优点是针对个人的采样率高，即个人轨迹较密集，能够真实反映个人完整的移动轨迹。缺点是样本量较小，不能进行大规模、大范围的人类移动行为分析。

（2）手机终端定位与通信记录

相比于志愿者或浮动车定位数据，手机终端定位与通信记录规模大、时间更连续，可广泛用于个体及群体移动行为规律探索。然而，由于手机终端定位一般来自移动通信运营商，存在两个明显的局限性：①绝大多数运营商只有发生通信行为时才能感知手机用户的位置，因此从手机终端定位数据中构建的用户轨迹只是用户实际出行轨迹的一个粗略概化；②手机终端定位一般采取 Cell-ID 方式，所记录的用户位置是基于通信行为发生时所依附的路由基站位置的统计推断，并非用户精确位置。当然，如果通过在线网络地图服务或者导航系统获取基于 WiFi 或 GPS 的智能手机的位置，则可获取更高的用户定位精度。但此类定位数据由移动互联网服务商在用户知情的前提下主动采集，用户规模取决于在线地图类服务的普及程度。

国内基于移动通话数据对人类移动行为的研究较为零散，主要是基于 CDRs 数据，建立移动模型，研究人们的运动模式，从而认识人类活动的普遍特征。如北京大学机器感知与智能实验室的 Gao et al.（2013），通过分析移动用户的通话及移动行为研究了发掘空间上分布的互动社区的方法，并发现人们的通信交流往往局限在空间上邻近的社区，通话行为与移动行为也具有较强的相关性。北京交通大学轨道交通控制与安全实验室的 Gao et al.（2014），通过分析用户的通话行为，结合位置信息，研究了在紧急情况下信息流的传播问题。香港科技大学的 Zheng et al.（2013），基于通话数据应用协同过滤方法集合相似用户的移动方式，由此发掘和建立一类人群的日常行为模式，实验表明其模型不仅能有效地表达人们的行为模式，而且所得到的模式也表现出对人们未来活动预测的能力。北京大学信息学院的刘震（2013）等基于移动通信数据研究了用户移动轨迹的预测方法，不同于对

GPS 等连续轨迹数据的处理技术，他们提出了预测离散轨迹的 Match 算法，基于 124 万话单数据的实验中得到了 85%的预测准确率，并发现“人类在以一天为单位的时间尺度上，有 30%的行为是自相似”的结论。

相比国内，国外对基于 CDRs 数据分析用户移动性的研究会更加系统，更具规模。研究集中在对人类移动模式的发掘、认识与应用。AT&T 实验室的 Becker et al.(2011)，基于通信小区网络数据，研究了如何透过 CDRs 数据分析美国莫里斯敦、新泽西的城市动态，如城市的劳务人员主要来自哪里，深夜的派对主要分布在哪些居民区，一个城市在一天内的生活节奏等；通过聚类分析，他们还获得了很多其他有意思的发现，这些关乎城市动态的发现对于城市规划具有重要的指导意义。爱尔兰梅努斯国立大学的 Doyle et al.(2014)，利用移动电话数据对爱尔兰共和国地区间的人口流动做可视化分析，应用修正的马尔科夫链对手机用户所在的不同级别的重要地区进行分级，该方法被有效地应用于估算国家的人口数量。麻省理工学院的 Wang et al.(2012)，基于手机通话数据研究了城市地区的道路使用模型；相对于传统观念中认为的道路重要性简单取决于拓扑结构，他们指出路段的重要性不仅在于连接作用，而且与道路的使用程度有关。通过模型他们能够准确指出车流量少的路段，从而能够规划出可以缩减时间的出行方案。Di Lorenzo et al.(2012)利用通话数据记录的位置信息，分析了个人与群体的移动历史，将群体的行为融入对个人移动性的预测中，预测定位的精度达到了 1.35 km。Kung et al.(2013)通过 CDRs 研究葡萄牙、科特迪瓦和波士顿市民的通勤状况，并发现相比实际空间和基础设施上的差别，一个地区的家居—工作时间分布更大程度上取决于通勤距离。

(3)社交网络签到数据

在基于位置的社交网络服务(如 Foursquare、Twitter、新浪微博、盛大切客等)中，将用户通过移动终端上传当前位置的行为称为签到(Check-in)，由此产生的带有位置标签(Geo-tag)的数据称为签到数据。签到数据广泛用于人类移动行为分析中。通常情况下，签到数据不但具有地理位置信息，还包含该位置上所承载的兴趣点(POI，Point of Interest)语义信息。因此在行为分析中可省略位置或轨迹语义化操作。然而，签到数据有一个明显的局限性，即用户只有在主动签到时才有记录，导致用户个人轨迹通常比较稀疏。

关于社交网络签到数据的研究有很多，来自 Colorado 大学的研究人员利用 Twitter 进行火灾及洪水的预测。Starbird et al.(2010)分析了 Twitter 上什么类型的信息在灾难发生后更可能被转载。一些研究表明人们使用这类应用的目的是进行社会交互和获取信息。同时，有一些研究通过分析社交网络趋势来分析社区结构。另外一些针对微博系统的研究是关于信息在网络中是如何传播的，他们结合用户自身信息及用户之间的相似性进行探索。

国外对Facebook、Foursquare与位置相关的微博系统一直是个热点，研究人员通过分析Facebook用户间的社会关系来预测用户的地理位置。Romero(2011)通过模型化Twitter上用户自产生的内容来预测用户的位置。Backstrom et al.(2010)通过分析用户的位置信息来研究用户的行为。Lindqvist et al.(2011)在研究中分析了人们是如何使用位置分享服务，并讨论了与位置分享服务相关的隐私问题。除了位置以外，也有一些研究人员探索了与线上活动相关的时间动态性问题。

而关于研究的签到信息有它特有的属性。第一，用户一般都会利用自己的碎片时间来进行签到，这样更有助于分析一定时间内用户发生的行为；第二，签到与生俱来就带有社会属性，能更好地分析用户的社会行为。目前很多针对签到的研究成果主要集中在分析用户签到的行为动机。例如，Lindqvist通过用户访谈和在线问卷两种方式，分别从定性、定量两个角度分析用户签到的时间、地点以及背后的原因，Lindqvist通过抓取Twitter上带有地理位置的信息发现了影响用户签到的行为动机。还有很多关于签到的研究涉及位置推荐、内容推送服务以及好友推荐。

(4)浮动车定位数据

浮动车一般是指安装了车载GPS定位装置并行驶在城市主干道上的公交汽车和出租车。浮动车数据(floating car data)采集技术是近年来兴起的一种动态交通信息检测技术，其基本原理是利用车载GPS设备定期传送的车辆编号、时间、经纬度坐标等数据，计算车辆行程速度和行程时间等交通参数，反映道路交通运行状况。与感应线圈、微波雷达等定点交通信息采集方式相比，浮动车数据采集技术具有覆盖范围广、设备成本和维护费用低等突出优势。德国、日本等国近年来都先后建成了基于浮动车数据的交通信息服务系统，并投入商业运营。

我国基于浮动车GPS数据的研究虽然起步较晚，但随着车联网的普及，发展得非常迅速。北京、上海、杭州、成都等一、二线城市都具有了一定规模的浮动车系统，国内的高校和相关交通部门也针对这一问题进行了研究并取得了一定的成果。基于多辆浮动车采集的数据并结合基础道路信息，可以获取实时的城市交通状况，如车速、流量、拥堵情况等。在浮动车数据处理中，需要根据道路网络，考虑GPS定位精度和采样间隔，推测车辆的运行状况并与实际道路匹配。浮动车及其他配备GPS的车辆同样可以用于分析个体的空间活动模式，Jiang et al.(2009)基于出租车轨迹探讨了在路网约束下个体移动的模式。目前，我国在很多城市开展了基于浮动车(多为出租车)的路况实时监控工作,这为分析人类移动乃至城市空间动态提供了重要的数据源。出租车轨迹数据是研究人类活动模式的一个重要数据集,通过轨迹中上下客位置的密度分布与时间间隔,不仅能发现上下车的热点区域,还能发现 OD 流的移动方向,从而分析人群的移动规律,进行社区结构的划分。然而,由于出租车只能记录特定乘客在较短时段内的时空轨迹,难以分析较长时段内个体的活动特征,因此,出租车轨迹数据多用于城市计算而非个体移动行为分析(表 6.1)。

表 6.1 移动轨迹相关研究的数据集

轨迹数据类型	数据集情况	典型工作
志愿者数据集	Nokia 的 MDC 数据集	信息推荐、智能交通
	微软中国研究院的 Geolife 数据集	行为分析与预测
	其他自己采集的数据集	轨迹语义化、出行信息提取
手机终端定位与	另包含出租车收费情况等	出租车信息服务
通讯记录	手机所在的基站、手机通信状况	城市功能区识别、城市动态、旅游行为分析
社交网络签到数	社交网络的签到信息	经济地理分析和区域联系强度
据出租车轨迹	包含出租车位置、速度、载客状态	智能交通、环境监测、旅游推荐、城市功能区识别
公交卡	刷卡地点、次数	城市空间结构、功能识别与通勤关系

6.2.2.2 移动轨迹挖掘

移动轨迹数据作为在地理信息环境中社会遥感数据的主要表现形式之一,为从个体尺度视角下研究群体的空间移动规律,提供了新的数据支撑和研究思路。特别是在当前的大数据背景下,通过轨迹数据发掘人类的移动规律和活动模式,进而探求蕴含的深层次知识,是解决城市问题的重要途径,轨迹数据挖掘也由此成为地理信息科学及相关学科的研究热点。基于海量个体移动性数据,主要有以下几个研究方向:第一个方向侧重于理论基础方面的研究,对人类移动行为和群体行为模式的特征分析为轨迹建模提供依据。第二个方向侧重于方法学方面的研究,涉及轨迹数据的处理和轨迹数据挖掘的三大方向,以对人类移动模式做出解释。

以下对人类行为研究的相关文献中可以看出,个体的出行具有非随机性,人们总是频繁地出现在某些特定的地点,不管行为活动的多样性如何,人类活动总是遵从简单的重现模式、高度的可预测性。简而言之,人类空间运动已被证明具有多种特征:①空间行程分布的不均匀性,其行程分布满足具有尾部截断的幂率分布,说明其远大于平均行程的长程运动的概率远高于传统的随机运动描述;②具有明显的局域性,其远离某个小区域的概率随时间的衰减而减小;③具有较强的规则性和可预测性,即个体一般存在少数几个经常前往的地点。

在早期的研究中,一般假设人类行为在总体上是随机且稳定的,用泊松分布来描述,即认为人类行为发生的时间间隔是均匀分布的,出现极大和极小时间间隔的概率都很小;泊松分布时间间隔的概率分布在单对数坐标下呈一条直线。2008年,Barabási 通过对电子邮件发送与回复等人类行为的时间间隔的统计,得到了与以往假设不同的结论:人类行为发生的时间间隔并非均匀的,而是会在短时间内集中出现,然后进入长期的平静期,时间间隔的分布具有幂律特性;幂律分布时间间隔的概率分布在双对数坐标下呈一条直线。自 2006 年起,*Nature*、*Science* 等期刊发表了多篇人类移动性研究成果,从统计物理学的角度揭示大规模人群移动步长的统计规律。针对混合交通方式出行,通过分析钞票流通记录、手机用户轨迹、志愿者 GPS 轨迹以及社交网站签到轨迹等,发现大规模群体的移动步长服从幂律或截尾幂律分布。闫小勇(2011)通过对数百名瑞士志愿者出行日志的分析发现,不同类型的个体(学生、工作人员、退休人员等)有着截然不同的出行模式,而且几乎都不符合 Barabási 小组所强调的标度规律。事实上,群体数据中观察到的漂亮的标度律,只是迥异个体行为模式叠加的结果。闫小勇等还给出了一个基于麦克斯韦-玻尔兹曼统计的解释。

广泛采用移动电话定位、GPS 和 Wi-Fi 等位置感知技术,开辟了研究人们在空间和时间的位置的新机会。2008 年 Marta et al. 在《自然》上发表了“Understanding individual human mobility patterns”一文,指出通对 10 万名匿名手机用户进行为期 6 个月的手机信号跟踪调查后,发现人类个体的移动轨迹在空间和时间上都有着高度的相似性:即人类个体日常活动通常都存在若干个频繁往返地点(为方便描述,以下统称为目的地),且通常在目的地周围做频率较高的小范围移动;而如果离开,则经过一段时间后会在另一个目的地周围做类似的移动。其活动半径服从近似幂律分布。Gonzalez et al. (2008)和 Song et al. (2010)根据长期的手机位置数据进行了研究,得出结论,人类的移动存在高度的时空规律。Jiang et al. (2009)分析了从大型街道网络六个月期间的 50 辆出租车获得的超过 72000 人的移动轨迹,说明人类移动模式或 Lévy 飞行行为主要归因于基础街道网络,即人类移动的目标导向性质对整体交通分布的影响不大。在现实中,人的移动性往往是有目的地的,如学校、办公室和家庭。尽管人的移动性在个人层面上具有目的性，但在群体层面，来到某个街道的人数往往是可以预测的。

此外，对于群体行为模式的研究是移动轨迹研究的另一个热点方向。Huang等利用时空数据挖掘技术从用户的通话记录中获取居民常活动的重要位置（锚点），如住处、工作地点、休闲场所等，这些信息对于理解城市内部的功能分区、空间布局等有着重要的现实意义；Phithakkitnukoon et al.（2010）利用美国马萨诸塞州100万名手机用户信息，结合餐馆、商店、剧院等设施的空间分布，得到个体每天的活动模式特征。Kang et al.（2010）研究了不同群体之间的个体人际流动模式，不考虑性别和年龄。Rhee et al.（2011）基于GPS轨迹分析了个体的移动，研究表明，人的移动行为可以通过levy游走模型进行数学上的描述。Yuan et al.（2012）年加入手机使用和运输网络密度等其他指标，以研究其对人类移动模式的影响。这些研究结果揭示了人类活动模式的重要方面。此外，关于人们的移动模式在地理上有何变化的讨论很少，这在决策和政策中很重要。考虑到这一点，Xu Y. et al.（2015年）提出了一种以家庭为基础的方法来研究居民点的人际交往格局。提出的方法旨在提供描述人类活动空间的一般特征的直观方式，并阐明人们如何在地理环境中移动。

轨迹数据模型中，各层次之间紧密联系，原始轨迹数据存在很多数据冗余与噪声，需要通过数据清洗（data cleaning）、轨迹压缩（trajectory compression）、轨迹分段（trajectory segmentation）等预处理方式转化为校准轨迹。轨迹数据清洗包括噪声滤波和停留点检测技术，噪声滤波的目标是从轨迹中去除可能由GPS的差信号引起的一些噪声点（例如，在城市的峡谷中行驶时）。人们往往在数据分析时关心的是数据中的停留区域，停留点可以代表用户已经去过的餐厅或商场，比轨迹中的其他点具有更多的语义含义。停留点检测算法识别移动物体在一定距离阈值内停留一段时间的位置。Zheng et al.（2011a）对旅游路线热点区域和路线进行推荐，挖掘其中热点区域和剔除冗余采样点。由于存储设备、计算能力等限制，轨迹数据挖掘不需要秒级般精细的位置定位，所以需要进行轨迹压缩，其可以减少通信数据处理和数据存储中的开销。轨迹分段不仅降低了计算复杂度，同时提供了更加丰富的知识，例如子轨迹模式挖掘。Jensen ct al.（2009年）提出路网匹配的方法，其是结合轨迹与数字地图，将GPS坐标下的采样序列转换成路网坐标序列。经过路网匹配后，每个轨迹采样点都映射到一个路网位置。数据校准轨迹数据需要通过数据库管理技术进行轨迹索引与检索，能够有效地存取。最后对处理后的轨迹数据进行模式挖掘、隐私保护等操作获取有价值知识。

移动对象轨迹数据挖掘主要包括轨迹聚类、轨迹频繁模式挖掘、轨迹异常检测三个研究方向。轨迹聚类的目的是对轨迹集合进行分组，使得组内轨迹之间具有较高的相似度，而组间的差别较大。轨迹频繁模式挖掘旨在发现在同一时间切面中移动对象所呈现的聚合模式及该模式的时间演化规律。微软亚洲研究院近年来在轨迹数据频繁集挖掘方面开展了深入研究，涉及临近搜索、聚集模式、旅伴搜索、出行模型分类等。在轨迹异常检测方面，目前业界已发展出一批成熟算法，如 iBAT、RTOD、iBOAT 等。近年来，在大数据背景下，出现了一批新兴的移动对象轨迹数据挖掘方法，包括非参数建模、流数据挖掘、图数据挖掘等。另外，基于大数据的可视化分析与其他学科的交叉研究也为移动对象轨迹分析提供了新的思路。美国东北大学的 Barabási 教授领导的团队从复杂系统的角度出发，通过挖掘即时的移动通信数据，审视社会关系的健壮性及其社会群体对大规模紧急事件的反应，甚至预测了人类行为。高强等(2017)提出量子计算因其强大的存储和计算能力成为大数据挖掘重要的理论研究方向，用量子计算技术处理轨迹大数据可以使一些复杂的问题得到解决并实现更高的效率。

Xu 和 Zheng et al.(2015)从企业数据、企业应用和前沿技术三个角度总结了目前轨迹数据处理的现状，但是对于基于轨迹生命周期的轨迹数据处理方法相对缺少基本原理和基本概念的描述，没有涉及轨迹数据中轨迹隐私保护方面。Zheng(2015 年)系统地阐述了轨迹数据挖掘中相关问题，包括预处理、轨迹数据管理、隐私保护、轨迹挖掘、轨迹分类和轨迹异常检测等方面，帮助研究人员较为全面地了解轨迹数据处理相关领域知识与方法，但是对于轨迹数据隐私保护方面介绍偏少，没有进行相应处理方法归纳与总结。同时目前对于轨迹数据处理中某一特定领域研究的综述也很多，如 Elgendy(2013)主要阐述了结合语义特征对轨迹数据进行挖掘的方法；Zheng(2011)，Chow et al.(2011)则主要关注轨迹数据隐私保护从基于位置服务的隐私保护和轨迹数据发布两个方面进行归纳与总结，分析了目前所采取的隐私保护主要方法。Wang et al.(2015)分类总结了大数据与量子计算相关算法研究，并分析了未来量子计算在加速经典算法效率研究的发展趋势。高强等(2017)介绍了轨迹数据处理的关键技术：轨迹数据挖掘、轨迹数据隐私保护、轨迹大数据支撑技术，以及轨迹数据挖掘核心算法与量子算法四个方面内容。Zheng(2015 年)提出，除了用原始形式研究轨迹外，还可以将轨迹转换成其他形式，如图形、矩阵和张量。利用现有的挖掘技术(例如，图形挖掘、协同过滤(Collaborative Filtering，CF)，矩阵因式分解(Matrix Factorization，MF)和张量分解(Tensor Factorization，TD)，轨迹的新形式丰富了轨迹数据挖掘的方法。

6.2.2.3 移动轨迹预测

移动对象轨迹预测作为移动轨迹分析的重要分支，不但在各个学科领域有重要的研究价值，而且在实际生活中有着广阔的应用前景。人类移动行为预测，一直是行为地理学和时间地理学关注的热点。长期以来，相关研究一直认为人的行为是不可预测的，但是 Song（2010），Gonzalez（2008）等的研究推断出人类活动行为具有 93%的可预测性，此后人类活动预测的相关研究陆续开展起来。

预测不同空间尺度下的人类移动的流量受到个体轨迹的异质性和交通网络的多尺度性质的制约。随着人类行为的大量轨迹数据的出现，通过将各种数字平台和位置感知服务收集到的移动代理数据整合到一起，可以提高移动性建模的概率。在过去的几年中，人们对个体移动轨迹和集体运动的规律进行了大量的研究，以了解人的移动模式。在后一种情况下，最广泛使用的模型是重力模型和更近的辐射模型。重力模型假设两个地点之间移动的人数与其人口规模的幂成正比，并且作为其距离的幂而衰减。相反，辐射模型将人类运动视为依赖于空间的人口分布的扩散过程，再现了斯托福的干预机会理论。引力模型已成功用于描述公路流量、航空旅行、通勤和城市间的手机通话。然而，它具有一些相关的限制，因为校准数据的可用性以及缺乏第一原理的推导。另一方面，辐射模型只使用人口数据就提供了非常好的预测——美国县之间的通勤模式，但其在不同的空间尺度的适用性有争论，因为它不能成功地捕获在城市或大都市区域内的通勤，也从未被用于建立长途旅行模式。这些模型的局限性表明，如果得到额外的数据支持，其结果的质量可以大大提高。

当前，与移动位置相关的行为研究的热点问题之一是对移动用户未来的位置信息进行实时、准确的预测。然而，当前对用户未来位置的预测研究主要集中在对连续轨迹（典型代表是 GPS 轨迹）建模的基础上（Ashbrook et al. 2003），其基于 Dynamic Bayesian Network 等网络学习模型对轨迹建模并预测，有的基于历史轨迹频繁项的轨迹进行预测。然而，此类研究难以预测移动通信场景下的用户轨迹。因为在该场景下，用户轨迹十分离散，一天平均只能获得十几个用户轨迹点，现有模型难以根据如此离散的轨迹反演得到用户的历史行为，并建立起有效的预测模型。所以，移动通信场景下的移动轨迹预测成为一个尚未解决的难题。

目前看来，人类的空间移动具有较强的规则性和可预测性。预测人类出行或活动对于个性化推荐和交通管理具有十分重要的作用。传统的预测方法大多基于马尔科夫模型。然而该模型利用历史位置序列信息的能力有限，并且预测的位置只能是历史位置中出现过的，具有较大的局限性。当前人类出行或活动的预测方法主要分为概率模型方法和机器学习方法两类。前者需要建立合适的概率模型，并将影响个体去向的多种因素考虑进概率模型，后者则需定义合适的特征以提高预测精度。尽管各种预测方法层出不穷，然而不同方法在预测精度、预测稳定性、计算成本等方面各有千秋，不存在普适的方法。从已有研究来看，人类出行或活动预测将会融入更多个人偏好和社交关系等个性化信息，不断改进模型以提高预测性能。

出租车轨迹数据是研究人类活动模式的一个重要数据集，Guo(2009)提出通过轨迹中上下客位置的密度分布与时间间隔，不仅能发现上下车的热点区域，还能发现 OD 流的移动方向，从而分析人群的移动规律，进行社区结构的划分。牟乃夏(2011)提出在了解活动模式的基础上，可进行个体移动行为的预测并实现位置推荐。在了解人类活动模式的基础上可进行移动行为的预测，如 Veloso et al.(2011)利用出租车轨迹数据预测了给定条件下的上客点的位置；Li et al.(2012)根据出租车轨迹预测出一个区域每个时间段的乘客数量。李万高等(2013)提出一种通过马尔可夫链模型来处理连续数据关联的方法，其将移动对象历史位置信息剖析以提高马尔科夫链模型的准确度，并将贝叶斯公式改进，增加了预测的准确性。由于该方法没有加入轨迹数据的时间信息，所以其预测结果并不能详细描述预测轨迹。李路明等(2013)主要研究了基于 WiFi 定位的轨迹预测技术并在室内无线局域网环境下验证了该技术的性能，其结合 WiFi 定位算法和轨迹预测算法，给出了基于 WiFi 定位的轨迹预测的算法流程。

逐渐地，手机数据也开始用于人类移动行为预测的研究，刘震等(2013)针对移动话单数据这种离散程度极大的轨迹数据建模，首先通过对移动对象使用的手机经过基站确定移动对象对应的分散轨迹点，然后将这些点转变成不间断的轨迹进而得到移动对象的运动模式，提出 Match 算法对人类轨迹进行预测。虽然实验结果显示轨迹预测准确率有所提高，但是并没有体现出社交性，适用范围较小。Phithakkitnukoon et al.(2015)使用手机数据研究了日本的手机用户的旅行规律；Csaji et al.(2013)使用葡萄牙 10 万手机用户的数据发掘了用户的活动模式；Chen et al.(2014)根据手机数据猜测了手机用户的活动位置。被动式的手机数据尽管为研究人类活动模式提供了有力的数据支撑，但是，该数据集往往只记录位置信息或者通话数据，缺乏进一步的数据描述。为此，国内外研究者主动采集了多个数据集以进行更精细的研究。志愿者数据集比较知名的有 Nokia 的 MDC 数据集和微软中国研究院的 Geolife 数据集。Nokia 的 LDCC 计划产生的 MDC 数据集，不仅记录了手机用户所处的基站数据，还记录了通话与短信、WiFi 与蓝牙设备及各种 App 的使用情况。Trinh et al.(2014)依据该数据集进行了下一个位置与将使用的 App 的预测研究，Etter et al.(2013)在该数据集上开始了从一个位置预测将要去的下一个位置的研究，这 2 项研究均取得了较好的效果。

在活动模式与行为预测上，出租车数据体现的是某一辆车的规律，无法定位至特定的人，故难以使用该数据进行人的行为预测，实际上是车的行为预测。手机数据记录的是基站的位置，空间覆盖范围较大，也无法在 POI 层次上研究人的移动轨迹，基于该数据的活动模式判别和行为预测也是一种粗粒度的、概略性的探测。志愿者数据集特别是 GPS 采集的数据集（如 Geolife）的时间和空间密度很大，能满足精细化的研究需求，活动模式判定和行为预测也具有较高的精度，但是其缺乏长时间序列的数据存储，难以表征人的行为在时间上的不同和演变。进一步的研究除应考虑动态的上下文环境、人的社会关系等对人的活动趋向的影响，更应考虑个人的偏好和兴趣特征等因素，发展新的模型和算法以提高预测的精度。Zheng et al.（2008）在 Geolife 数据集上，也开展了移动行为预测的研究，并根据轨迹的相似性计算用户的相似性，进行了个性化的位置推荐试验，取得了较好的研究效果。

宋杨等（2015）以 LBSN 中的用户签到数据为研究对象，分别从空间、时间和社交三个方面对用户进行行为分析及预测研究。通过一系列的数据预处理和统计方法，得到了影响用户移动行为的主要因素，并利用这些因素建立了一个位置预测模型。

为了对路网中的移动对象进行准确的描述，乔少杰等（2015）提出基于隐马尔可夫模型的自适应轨迹预测模型 SATP（Self-Adaptive Trajectory Prediction），对大数据环境下移动对象海量轨迹利用基于密度的聚类方法进行位置密度分区和高效分段处理，减少 HMM（Hidden Markov Model）的状态数量。根据输入轨迹自动选取参数组合，避免 HMM 模型中隐状态不连续、状态停留等问题。实验结果表明，SATP 模型在实验中表现出较高的预测准确性，并维持较低的时间开销。王晓腾等（2013）基于不依赖路网数据的思想，对数据进行特征点聚类提取，将轨迹转化为特征序列，并结合序列模式挖掘算法，提出 PrefixTP 轨迹预测算法。以提出的预测模型为理论依据，开发了基于 PrefixTP 轨迹预测算法的轨迹预测系统，提供轨迹可视化、轨迹预测等功能，形象展示轨迹预测过程。

杨航等（2016）针对移动对象轨迹预测相关算法及其应用进行了研究，对目前移动对象轨迹预测中常用的技术：误差反向传播（BP，Back Propagation）、神经网络、支持向量机（SVM，Support Vector Machine）分类和马尔科夫链模型的工作原理和已有应用进行研究。将 K 近邻与 BP 神经网络的预测模型应用于井下安全体系，首先使用 K 近邻算法对异常或丢失的数据进行预处理，然后将预处理后的数据输入到预测模型中得到最后的预测结果。并提出一种改进的 Subsyn 算法用于出租车目的地的预测。

6.3　移动轨迹的城市应用——基于密度的用户移动轨迹聚类分析

时空数据挖掘中聚类分析和关联规则挖掘是最常见的两种分析方法，两者的区别在于关联规则挖掘是一个异中求同的过程，而聚类分析则是同中求异的过程。

通过聚类可以很好地识别出对象空间中的密集和稀疏区域，并提取数据中的相似性和异常性等特征，进一步来获取数据间的属性关联以及全局的分布情况，也就是说，在没有先验知识即无监督的前提下，通过数据的驱动会集聚为不同的类，然后针对不同类别所代表的特征来进行深入的分析进而获取相应的知识。

6.3.1　时空移动轨迹数据

6.3.1.1　时空数据挖掘

时空数据，顾名思义，就是与时间、空间均相关的一种数据类型。而时空数据挖掘就是以海量的时空数据为研究对象，挖掘其中隐藏的模式和知识的过程。依照挖掘任务可以将时空数据挖掘的研究内容归纳为以下几部分：时空模式挖掘(Spatiotemporal Association Pattern)、时空分类和预测(Spatiotemporal Classification and Prediction)、时空聚类(Spatiotemporal Clustering)、时空异常检测(Spatiotemporal Outlier Detection)等，本章则主要研究时空聚类。

6.3.1.2　时空轨迹挖掘

而时空轨迹数据作为时空数据的一种特殊表现形式，由于轨迹数据的一些特殊性，其在研究过程中与时空数据挖掘也存在一定的差别。时空轨迹(trajectory)是移动对象在地理空间中所产生的一系列移动的痕迹，它不但是一种时空对象的数据表现形式，也是一种重要的信息源，因此时空轨迹的应用也越发的广泛。时空轨迹是一组序列用来记录移动对象的位置和时间，其定义为：

$$o: R^{+} \rightarrow R^{d}$$

上式可以抽象地来表示一组时空轨迹，即连续函数 o 表示为一个时间到空间的映射，它是一个以时间为自变量的函数。对于任意时刻 $t(t \in R^{+})$，通过映射 o 可以得到，该对象在此时刻所处的 d 维空间 R^{d} (一般是二维或者三维空间)中的具体位置。由此可见时空轨迹是连续的，通常是由一系列按时间顺序排列的点构成，每一个点由地理空间坐标和时间戳以离散的方式表示。例如，通过对实际时空轨迹进行采样，得到了一条轨迹 P（图 6.2），$p_1 \to p_2 \to \cdots \to p_n$ 用来代表这条轨迹曲线，其中 $p_k = (X_k^1, \cdots, X_k^m, t_k)$，其模型如下所示：

$$T = \{(X_1^1, \cdots, X_1^d, t_1), (X_2^1, \cdots, X_2^d, t_2), \cdots (X_n^1, \cdots, X_n^d, t_n)\}$$

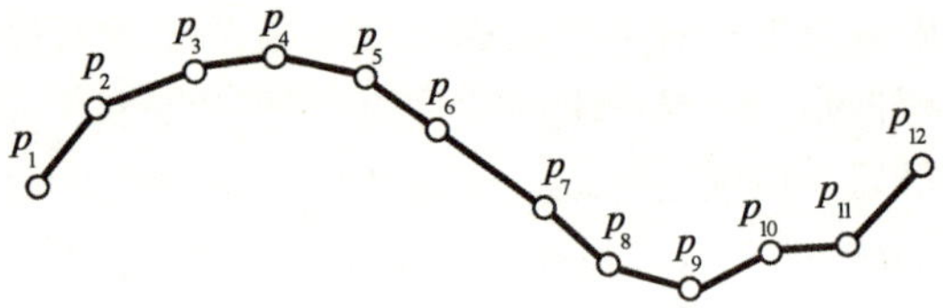

图 6.2　轨迹数据

其中，这 m 个元组代表在 k 时刻轨迹对象在 m 维空间中的一个采样点，其具体的位置为 $(X_k^1, \cdots, X_k^m)$，在现实生活中，通常用二维空间位置（x_k, y_k）即经纬度来表示一个轨迹记录点。

对时空轨迹数据进行相似性度量方法是聚类分析中不可或缺的重要一环，对于不同的数据类型、不同的应用需求，相似性的定义也有所不同。所以选择适合的相似性度量至关重要。不同属性相似性度量的先后顺序，也会影响两个对象的相似性判断。相似系数和距离函数是对相似性程度的两种量化方式：相似系数越接近于 1 时表明对象间相似度越高，越接近于 0 时表明对象间的相似度越低；在衡量对象间距离时，首先需要对数据进行标准化处理，然后就可以利用距离公式度量对象间的相似程度。距离越近表示对象间相似度越高，距离越远相似度越低。

以下介绍几种相似度量方法：

（1）欧几里得（Euclidean）距离

$$Euclidean(TR_i, TR_j) = \sum_{i=1}^{n} dist(l_k^i, l_k^j)$$

$$dist(l_k^i, l_k^j) = \sqrt{(l_{(k,x)}^i - l_{(k,x)}^j)^2 + (l_{(k,y)}^i - l_{(k,y)}^j)^2}$$

欧几里得距离定义如上，其中 TR_i，TR_j 表示两条不同的轨迹，l_k^i，l_k^j 分别表示 TR_i，TR_j 轨迹上的第 k 个采样点，$l_{k,x}^i$，$l_{k,y}^i$ 表示采样点 l_k^i 在不同维下的数值，$dist(l_k^i, l_k^j)$ 表示两条轨迹上第 k 个点间的距离。由于采样点的数量不同，而且不同轨迹上同序列值的数据点不存在对应关系，速度也不相同，在处理含噪声数据时性能大幅下降，所以不能简单地用欧氏距离衡量轨迹间的相似性。

(2)动态时间弯曲(DTW: Dynamic Time Warping)距离

$$DTW(TR_i,TR_j)=\begin{cases}0,if...m=n=0\\ dis(l_1^i,l_j^j)+\min\begin{Bmatrix}DTW(rest(TR_i),rest(TR_j))\\ DTW(rest(TR_i),TR_j),DTW(TR_i,rest(TR_j))\end{Bmatrix},otherwise\\ \infty,if...m=0.\ or.n=0\end{cases}$$

$DTW(TR_i,TR_j)$ 表示 TR_i,TR_j 轨迹的动态时间弯曲距离,m、n 分别为两条轨迹采样点的数量,$rest(TR_i)$ 表示轨迹 TR_j 除去第一个采样点 l_1^i 后的剩余轨迹,$dist(l_1^i,l_1^j)$ 表示点 l_1^i,l_1^j 的欧几里得距离。由公式易知当两条轨迹为空时,其动态封装弯曲距离为零,当其中一条为空时,动态时间弯曲距离为无穷大,当两条轨迹均不为空时,采用递归函数求解轨迹间的最小距离。DTW 距离弥补了欧几里得距离的缺陷,克服采样点的不对应情况,允许轨迹数据的压缩和延伸。虽然这种距离模型的相似查询结果比欧氏距离较好,但仍然易受噪音和孤立点的干扰。

(3)最长公共子序列(LCSS: Longest Common Sub-Sequence)距离

$$LCSS(TR_i,TR_j)=\begin{cases}0,\text{if } m=0 \text{ or } n=0\\ LCSS(rest(TR_i),rest(TR_j))+if\,|1_{k,x}^i-1_{k,x}^j|\leqslant\delta\,|1_{k,y}^i-1_{k,x}^j|\leqslant\varepsilon\\ \max\begin{Bmatrix}LCSS(rest(TR_i),TR_j)\\ LCSS(TR_i),rest(TR_j))\end{Bmatrix},otherwise\end{cases}$$

分别代表 x 维 y 维上的距离阈值。lcss 距离比较轨迹中包含的最长相似子轨迹间的相似性,在保证比较数据的一一对应的同时,有效避免了欧几里得距离和动态时间弯曲距离中逐点匹配的缺点,忽略了噪声和孤立点对计算结果的影响,提高了计算效率和鲁棒性。

与时空轨迹相似性度量相关的方式方法还有很多种,包括豪斯多夫距离、地球移动距离(EMD)、弗雷歇距离、网络距离等。早期的相似性度量方法未将时间作为一个相似性考量因素,只考虑了轨迹的形状特征,因为轨迹是一个特殊的时空序列,是在时间上的移动路径表示,所以轨迹时间上的关联不容忽视。所以在对时空轨迹进行聚类分析时,要针对数据的特殊性定义适合的相似度量方法。

6.3.2 基于密度的时空轨迹聚类方法

聚类是一个将全部对象组织成几个不同组别的过程,根据所给定的相似度的定义所聚类得到，同一组别内的个体较为相似，而不同组别间个体的相似度较低。由于聚类应用广泛，因此成为数据挖掘中的一个基本概念。根据相似性度量标准衡量对象间的相似性度量，由构造的数学模型将数据划分成不同的簇，并满足相同簇内对象间相似度最高，不同簇间相异度最高。

在时空轨迹数据的背景下，聚类试图根据他们的时间和空间中的几何邻近情况来将其划分为不同的组别。时空轨迹聚类可能是不同类型的轨迹模式挖掘中一种最基本的操作，因为轨迹模式的挖掘通常包括对相似位置、轨迹以及对象分组的过程。假设用一段曲线来表示一条轨迹，轨迹聚类的基本方法则是这条曲线其分割为一些不同的最小单元，同时来计算这些最小单元间的距离。为此，非常重要的一点则是给定一个有效的距离函数来测量所划分的两段轨迹单元间的距离。因为要将数据集划分成不同的类别，必须定义一种相似性的测度来度量同一组别间的相似性与不同组别间的相异性，而各种时空轨迹聚类方法间的主要区别也正是在于其相似性度量的不同。对于不同类别的数据所涉及的基本概念以及采用的聚类技术有着明显的差异。聚类算法大致可分为基于分割的聚类、基于分层的聚类、基于密度的聚类、基于网格的聚类、高维数据聚类和神经网络聚类等。

采用基于密度的具有噪声的基于密度的聚类方法（Density-Based Spatial Clustering of Applications with Noise，DBSCAN）对 Nokia 用户的移动轨迹进行分析，综合考虑了物体移动的时空信息。该算法将具有足够密度的区域划分为簇，并在具有噪声的空间数据库中发现任意形状的簇，将簇定义为密度相连的点的最大集合。该算法利用基于密度的聚类的概念，其核心思想是用一个点的 ε 邻域内的邻居点数来衡量该点所在空间的密度，它可以找出形状不规则的组别，且聚类时不需要事前知道组别的个数。DBSCAN 算法的显著优点是聚类速度快且能够有效处理噪声点和发现任意形状的空间聚类。算法的缺点在于对输入参数较为敏感，且时间复杂度较高，面对密度不均匀数据集，聚类效果较差。

DBSCAN 算法是由伊斯特等人在 20 世纪末提出的，是一种经典的密度聚类算法。该算法是通过搜寻数据集中某一特定对象在确定扫描半径内的相邻对象，当其周围对象数量满足类簇形成的最少包含对象数，则这些对象将形成一个类簇，DBSCAN 方法的具体相关基本概念定义如下：

（1）对象扫描半径 Eps（ε）：算法中给定数据集特定对象搜寻其相邻对象的扫描邻域半径；

（2）Minpts（M）：由某一特定对象及其相邻对象构成数据类簇所满足的最少包含对象数；

DBSCAN 算法中有两个重要的参数：ε 和 M，分别用来表示定义密度时的领域半径和定义核心点时的阈值。给定数据集合 $X=\{X^{(1)},X^{(2)},X^{(3)},\cdots,X^{(N)}\}$，其算法如下：扫描整个数据集，找到任意一个核心点，对该核心点进行扩充。扩充的方法是寻找从该核心点出发的所有密度相连的数据点（注意是密度相连）。遍历该核心点的 ε 邻域内的所有核心点（因为边界点是无法扩充的），寻找与这些数据点密度相连的点，直到没有可以扩充的数据点为止。最后聚类成的簇的边界节点都是非核心数据点。之后就是重新扫描数据集（不包括之前寻找到的簇中的任何数据点），寻找没有被聚类的核心点，再重复上面的步骤，对该核心点进行扩充直到数据集中没有新的核心点为止。数据集中没有包含在任何簇中的数据点就构成异常点。

DBSCAN 算法基本步骤：

Step 1 初始化

　　1. 给定参数 ε 和 M

　　2. 生成 $N_\varepsilon(i), i=1,2,...N$ # $|N_\varepsilon(i)|$ 为 i 的密度，依赖于半径 ε

　　3. 令 $k=1; m_i=0,\ i=1,2,\cdots N$

　　4. 令 $I=\{1,2,\cdots,N\}$

Step 2 生成 cluster 标记数组

```
WHILE (I ≠ Ø )
{
从 I 中任取一个元素 i,并令 I:= I\{ i }.
  IF ( m_i =0)    #节点 i 还没有被处理过
  {
    (1)初始化 T:= N_ε(i)
    (2)若|T|<M,则令 m_i = -1.(暂时将节点 i 标记为噪音点)
    (3)若|T|≥M(节点 i 为核心点),则
(3.1) 令 m_i =k .(节点 i 归属于第 k 个组别
(3.2) WHILE (T ≠ Ø )
{
    (a)从 T 中任取元素 j,并令 T:= T\{j}.
    (b)若 m_j =0 或 -1,则令 m_j =k
    (c)若| N_ε(i) | ≥(即节点 j 为核心点),则令 T:=T ∪N_ε(i)
}
(3.3)令 k =k +1(第 k 个聚类已经完成,开始下一个聚类).
    }
}
```

6.3.3 Nokia用户移动轨迹聚类结果

6.3.3.1 Nokia用户移动轨迹数据

Nokia的2013大数据挑战赛为选手提供了130人一年的手机端用户数据。这些数据都是由志愿者提供的，而且用户名和电话号码都是匿名提供，不涉及隐私问题。这些数据包括用户的app使用记录、GPS信息、通话记录、蓝牙设备记录和系统记录等。对Nokia用户移动轨迹聚类所选取使用的是GPS数据。

GPS数据中共有16个属性值，分别是用户id、时间、时间区域、GPS时间、经度、纬度、高度、速度、航向、水平精确度、水平检查点、垂直精度、垂直检查点、速度精度、航向精度和GPS系统开启时间。本章主要使用经度、纬度两个属性。Nokia的原始数据每间隔5秒钟记录一次用户的GPS地点，Nokia移动用户的轨迹数据在一定程度上反映了用户的移动模式，但是所记录的GPS地点数据量极多，然而对于每一个地理位置只需要一个数据点来证明这里被访问过，因此需要对移动轨迹数据进行聚类，以便更好地得到用户的移动模式。

6.3.3.2 Nokia用户移动轨迹聚类结果

本章选取002号用户为例通过基于密度的算法对该用户的GPS轨迹数据进行聚类，该用户总归包含33 580个地理位置，最终得到287个聚类点，如图6.3所示这些绿色的聚类点可以很好地来表示黑色的用户原始轨迹。通过对用户轨迹进行聚类分析，能使一些原本只能用于可视化或定性观察的轨迹数据转换为多类定量的时空对象的行为模式，进而结合对象属性转换成知识，帮助人们更好地理解个体在时间与空间维度上的特性，并对各类对象的行为做出相应的预测，从而指导人们的生产生活。

同时每个人的地理位置信息进行DBSCAN聚类分析，还能够得出用户活动范围最为频繁的Top N个地点，本章选区一个人在1.1 km活动区域内为一个“共现区域”，在一个地点活动至少2次才能被认为是“共现区域”。下表给出002用户最频繁出现的Top 30个地点。得到Top N个地点可以进一步来为用户进行位置的推荐，这也将会是我们下一步的研究重点。不仅如此，通过“共现区域”以及用户经过“共现区域”的次数，也可以进一步发现轨迹集中的主题区域以及热门路径，从而可以帮助理解用户的出行意图(表6.2)。

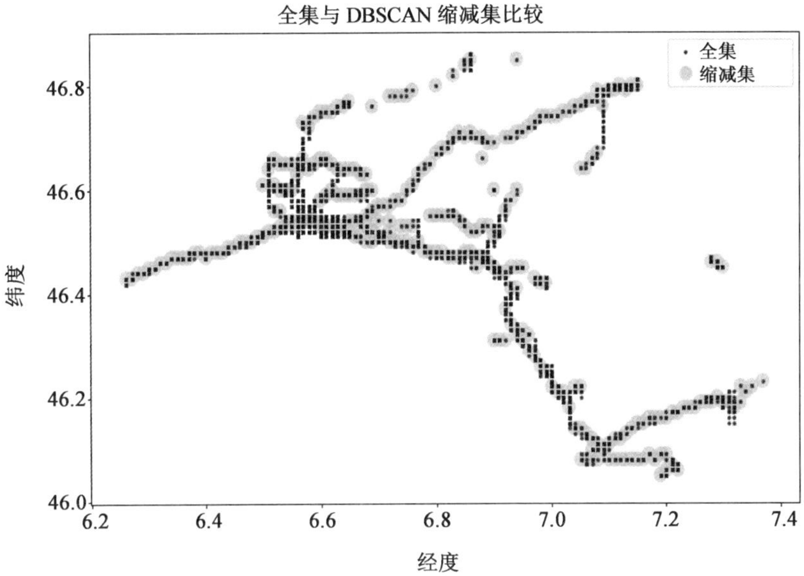

图 6.3　用户移动轨迹聚类结果

表 6.2　用户 Top N 共现区域

排名	纬度	经度	时间点	排名	纬度	经度	时间点
1	46.54	6.57	7540	11	46.53	6.60	655
2	46.53	6.56	6117	12	46.80	7.15	606
3	46.54	6.65	1862	13	46.46	7.29	555
4	46.54	6.58	1782	14	46.06	7.20	520
5	46.54	6.59	1372	15	46.53	6.62	397
6	46.31	6.90	999	16	46.41	6.93	346
7	46.64	6.51	888	17	46.42	6.99	330
8	46.52	6.63	882	18	46.60	6.55	321
9	46.54	6.55	723	19	46.22	7.04	288
10	46.60	6.69	723	20	46.61	6.50	271

本章主要是对位置信息进行简单的分析聚类，可以看出人群主要分布情况，以及每个人主要活动的几个区域。其实地理位置信息可以获取很多的个人信息，比

如根据其活动的区域的经济状况可以大体推算出其经济水平，通过其活动的范围大小，离散程度等等情况分析其一些行为和心理上的特征。本章只取地理位置数据进行聚类，而没有在时间维度上以及移动速度上进行探索，这也是我们接下来的研究方向，基于时空数据的分析，是当下数据挖掘领域较为火热的领域。

6.4 城市感知与计算的展望

总体来说，针对人类行为的研究方兴未艾，而人类活动的数据是目前尚未开发的一座宝藏。随着移动互联网的兴起，移动设备数量庞大的传感器的数据也是基于时间和空间的移动数据，甚至可以通过这些数据去预测地震、海啸、森林火灾、水资源的污染。这些都是构成城市计算的重要组成部分，它关系到人类未来的生活质量和可持续性发展。

人类活动行为可通过各类传感器转换为海量的轨迹数据，这些轨迹数据是研究人类行为的基础素材。因为轨迹数据反映的人类行为模式，包括时空属性与网络属性，对时空属性的研究反映人类活动模式，而网络则反映人类社交关系，对空间以及空间中的网络进行研究可以反映地理环境与人类行为的相互影响。目前，针对人类活动轨迹数据的研究虽然取得若干突破性的成果，但仍存在一些不足，同时也是相关研究未来的方向。本章仅从移动轨迹聚类的角度来进行了初步分析，以后的研究将从城市规划和城市经济等方面入手，来对人类移动性进行精细化研究以此来帮助我们更好地理解城市。进一步通过人的历史轨迹数据进行位置的预测，可以通过城市旅游线路推荐，广告投放推送，商业选址等各方面对城市的经济产生影响。同时可以通过对人类移动性数据的挖掘和分析来估计实时人流量和人流密度，以避免发生重大的安全事故。

6.5 本章小结

本章是对人口流动研究成果的高度凝练，第 2、第 3 章从省际尺度下研究人口流动空间格局，第 4 章从市际尺度下对人口估计和空间格局研究，第 5 章则从个体尺度下为移动轨迹的一个城市应用，是本章的引子，通过个人移动轨迹的城市计算，挖掘人类移动规律和活动模式，为智慧城市功能的完善提供理论支撑。

过去由于科技的局限，海量的个体信息获取成本巨大、时效性低，因此无法有效获取大量的人类行为数据进行研究。而在当今的网络时代，人们的工作、生活、消费、旅行等行为正在不断通过泛在传感器的使用而被完整和系统地记录下来并形成数据，这为研究人类行为模式提供了前所未有的机遇和挑战。近年来，相关研究已经预示这一时代的到来，相关成果不仅对已有理论方法产生了巨大的变革，同时在城市规划、交通设计、商业选址、信息服务等应用领域产生了积极而深刻的影响。为揭示相关研究在人类行为研究理论和应用方面的进展，以人类活动轨迹为核心，本章从以下几个方面展开综述：

首先，人类的移动规律的研究是城市的感知与计算的基础，前文的主要工作之一就是对人类移动规律进行了挖掘探索，通过人类移动规律分析达到优化城市功能分目的，由此引出了城市计算的功能。本章在对城市计算概念介绍的基础，进步深入地对已有城市计算的典型案例进行了探讨，主要包括城市规划、城市功能区识别、智能交通、环境监测、能源消耗、城市经济、城市安全与应急响应等几个方面。同时还对现有的城市计算中所应用到的传感器技术、数据管理技术、混合数据可视化和数据挖掘等技术进行了阐述。

其次，本章还从轨迹数据获取、挖掘和预测三个方面介绍移动轨迹数据的研究现状，详细阐述轨迹的特征与模式。轨迹数据不仅记录了人在时间序列上的位置，也隐喻了人与社会的交互、人在地域上的活动，乃至人与人之间的关系等社会属性，分别对志愿者数据、手机终端定位与通讯记录、社交网络签到数据以及浮动车行驶轨迹等移动数据进行了阐述，展示出各类型数据在相关学科的研究热点，进而探求蕴含的深层次知识，为后续的研究奠定基础。可见对移动轨迹数据的透彻分析是解决城市问题的基本途径。

最后本章介绍人类活动轨迹数据在城市研究中的一个应用，对 Nokia 用户的移动轨迹数据进行了聚类实证分析，初步可以得出人群主要分布情况，以及每个人主要活动的几个区域，帮助人们更好地理解个体在时间与空间维度上的特性，并对后续各类对象的行为做出相应的预测，从而指导人们的生产生活。

第7章　结论与展望

本书通过对流动人口从宏观省际迁移空间结构到微观人口比例估计、白日人口移动轨迹及人口感知模型的深入研究，我们能够很深刻地感受到流动人口研究对一个城市在实现科技化和现代化发展中的重要指导作用。城市发展离不开人，人口的流动不断为城市注入新的活力。对于城市而言，实时掌握人口进出城市的情况及移动的规律不但有助于应对交通问题、维护社会公共治安，而且可帮助城市规划者合理分配社会资源，进行城市规划。因此及时获取进出城市之间的人口流动情况有利于智慧城市的发展。然而传统的统计方式已无法适用于现在的城市规模，因此基于轨迹数据的人口流动研究至关重要，随着移动通信技术的快速发展，手机等移动终端的使用变得越发普遍。因此本章基于手机移动通信数据针对进出城市人口流动问题进行城市计算，从空间结构掌握人口移动规律，为实现我国智慧城市建设提供指导依据。

掌握城市人口流动情况作为"智慧城市"的重要一环，传统统计方法受到适用范围较窄、准确度较低以及成本高昂的限制对人口流动情况规律的探索表现出很大的局限性，如何基于移动通信数据来分析城市的人口流动情况就显得至关重要，因此城市计算应运而生。城市计算旨在从城市收集的各类数据中找寻解决问题的钥匙，通过感知传入数据，利用先进的数据挖掘和分析模型，再结合合理的可视化方法创造出解决城市问题、改善生活环境、提高人类生活质量和促进城市发展的解决方案。

本书对流动人口的探索正是城市计算的大数据应用。通过对流动人口从宏观层面研究省际人口移动的空间结构，并采用链路预测算法来对我国未来人口迁移趋势进行预测，为城市掌控人口空间移动规律提供了指导方向。还通过人口轨迹数据的聚类分析划分城市功能区，要知道这在传统城市规划中是不可想象的，打破以前靠领导者一笔划天下的传统。而这一切的重点都是为了实现智慧城市，以数据驱动问题解决，通过结合经济、交通、能源、以及社会学等领域中的数据开展研究，从而帮助合理进行城市规划，促进城市发展，为建设智慧城市提供新思路。实现城市可持续发展，建设智慧城市已成为当今世界城市发展不可逆转的历史潮流。

人口流动作为智慧城市的重要一环，对解决"城市病"具有非常重要的作用，而城市计算在人口流动情况的探索旨在实现智慧城市建设，信息技术发展为城市建设带来了基础支撑力。智慧城市既是本章在人口流动探索上的升华，也是整个社会建设的重要目标，故本章将从智慧城市的概念出发对其做出解释，并提出智慧城市的未来展望。图7.1为城市计算、流动人口研究、智慧城市三者关系图。

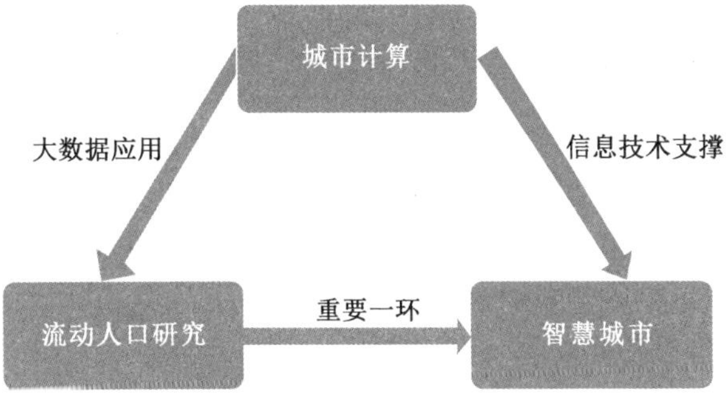

图7.1　三者关系图

7.1　智慧城市概述

2017年中国智慧城市创新大会在沈阳召开又将市民的注意拉倒智慧城市之上，智慧城市作为城市发展的一种新形态，开辟了认识城市和发展城市的新视角。习近平总书记在全国网信工作会议上提出了新型智慧城市的概念，提出建设真正以人民为中心，实现民生服务便捷、社会治理精准、社会经济绿色、城乡发展一体、网络安全可控的智慧城市。而就智慧城市的具体含义，仁者见仁，学术界和政界都给出了不同的定义，2014年首届中国智慧城市创新大会召开以来，中国各部门对于"什么是智慧城市"，国家发改委等多部门从各自角度分别做出如下解读（表7.1）。

表 7.1　各部门的解读

角度	部门	智慧城市
本质内涵	国家发改委	智慧城市应具备 4 个“新”,即理念新、模式新、机制新、方式新
	中央网信办	智慧城市是国家治理能力与体系的重要组成部分,是信息化全局在区域的缩影
	国家测绘地理信息局	智慧城市是依托现代信息技术,形成不依赖于人或者很少依赖于人的智能化运行
	工信部电子司	智慧城市的本质就是服务
	教育部科技司	智慧教育的本质是如何让受教育者更有智慧,使其对学习、探究有兴趣,更加轻松主动的学习
建设方面	国家标准委	构建智慧城市标准的体系框架,制定相关的国家和行业标准
	住房城乡建设部建筑节能与科技司	智慧城市要取得成功,必须重视 4 条经验:体制机制的完善、发展规律的掌握、新兴技术的应用、创新模式的探索
	农业部与信息经济司	智慧农业是智慧城市的基础支撑,要统筹推进新型城镇化,以信息化引领驱动都市现代农业发展
	国家卫生计生委规划信息司	从医疗角度看智慧城市就是要将医疗信息化,记录公民终生医学足迹,构建提供 6 大类医疗服务的共享平台

7.2　智慧城市研究展望

伴随着城市化进程的不断推进,城市规模扩大迅速,流动人口数量的增长迅猛。作为城市以及整个国家重要组成部分的流动人口,在为整个经济和社会的发展做出了巨大贡献的同时,由于经济改革的滞后以及社会管理和公共服务的不到位,也产生和积累了不少的问题,各级城市政府面临着巨大的管理压力,亟须推进城市流动人口治理的创新改革。基于大数据的数据挖掘技术成为建设智慧城市的科学推动力,人们通过人口轨迹分析等手段进行知识发现,并将它们运用在各种交通和位置服务应用系统中,包括交通导航、城市规划、服务推荐、物流配送、旅游发现等方面,轨迹数据挖掘已成为大数据背景下研究社会、城市等复杂问题的重要数据支撑和解决方法。当前,我国智慧城市的建设和发展尚处于初级阶段,开展智慧城市建设,需要科学的理论指导和积极的实践探索。总体上,现有的研究进展还不够深入、研究方法也不够成熟,下一步,在推进我国智慧城市建设进程中,提出以下几点展望。

1.信息技术成为智慧城市助推器

目前，常见的数据集在很大程度上克服了以往精度低、主观性强的问题，但是仍然存在一定的弊端，对信息技术的提升已获得更加精确的数据也是建设智慧城市的重要任务之一。信息技术的发展已经发展到了大数据时代，极强的数据搜集及处理能力能够在很大程度上提升着城市流动人口管理的科学化程度。未来，智慧城市的发展高度将会受到数据的牵制，所以信息技术极大发展将会是必然趋势。近年来，随着手机的广泛应用，基于手机数据的人类移动研究成为当前研究的热点。利用手机信号采集个体时空数据具有独特的优势：①采集个体位置和移动信息真实；②定位精度较高、信号覆盖广；③可实时、动态获取移动信息；④可减少行为数据编码过程的信息损失，适合大规模采集。但基于手机数据获取的移动轨迹也存在两个问题：首先，如果采用被动式获取个体位置（即只有当用户拨打或接收电话时，其位置才会被记录），则基于手机提取的轨迹与用户实际移动轨迹可能存在差异。其次，个体位置是通过通话时路由基站的位置近似得出，存在精度问题。

2.个体移动数据中的隐私处理

随着人们对于自身隐私关注度的不断提高，如何规避个人隐私问题已成为限制移动定位数据获取和研究发展的重要阻力。例如，欧盟各国法律明确规定，个人信息不得以商业目的提供给第三方，此类政策和法规加剧了利用手机数据开展人类移动研究的困难。在实际研究中，研究者不得不采用各种手段回避这一问题：如 Ratti 等运用汇总的手机时空行为数据研究城市空间结构的时间变化规律，避免了其与单个样本真实活动的关联；未来，需要从处理技术和个体意识上解决个体移动数据中的隐私问题，研究者从技术层面探讨了个人信息匿名化的数据存储与处理方式，而人们自愿分享个人时空移动轨迹数据进行研究。

3.信息安全成智慧城市战略重点

智慧城市实现信息互联互通、信息共享、决策智能，但同时具有的信息开放性特点也增加了智慧城市的信息安全风险。信息安全辅助智慧城市的发展，具有支撑作用。如何对信息系统的安全风险进行评估，如何强化信息系统安全监控平台的建设，将是整个智慧城市发展的重中之重。2017 年 6 月 1 日《中华人民共和国网络安全法》正式实施，明确了对关键信息基础设施运行的要求。这些法律法规的颁布和实施，为智慧城市的信息安全保障提供了法律基础，也必将为智慧城市的发展打下坚实基础。

4.建立智慧产业园区

建立智慧产业园区，促进智慧产业规模化、产业化发展。构建智慧产业园区，将一批高信息技术含量的产业集聚到一起，能够发挥集群效益，共同促进园区内产业规模的扩大，激发创新，产生规模经济，降低产品成本。国家还应鼓励智慧产业与传统产业的融合，提倡传统行业使用新一代信息技术，对使用信息新技术的企业给予财政补贴，加快传统产业升级，为城镇化提供产业支撑。

总之，城市发展离不开人，人口的流动不断为城市注入新的活力，及时获取不同尺度下人口流动情况有利于智慧城市的发展，构建智慧城市是未来现代化城市的发展方向，以数据为中心的智慧城市技术是支撑智慧城市建设的技术基础，尤其是在数据科学崛起的大背景之下，以数据为中心的智慧城市很可能会成为数据信息技术从虚拟数字空间走向真实物理世界的第一步阶梯，未来的前景与影响力不可估量。

参考文献

包婷,章志刚,金澈清.2015.基于手机大数据的城市人口流动分析系统[J].华东师范大学学报(自然科学版),(5):162-171.

鲍媛媛.2012.人类行为动力学的实证及生成机制研究[D].北京:北京邮电大学.

蔡建明,王国霞,杨振山.2007.我国人口迁移趋势及空间格局演变[J].人口研究,31(5):9-19.

陈传运.2015.云计算环境下时空轨迹频繁模式挖掘研究[D].南京:南京师范大学.

陈峰.2009.基于决策树和相异度算法的移动通信客户分类方法[J].计算机应用,29(8):2250-2252.

陈新华,胡桂华.2013.基于捕获—再捕获模型的人口数目估计[J].统计与决策,(22):4-8.

成玉栋.2011.基于GPS浮动车的城市道路交通信息采集关键技术研究[D].南京:东南大学.

程贤亮.2012.基于用户移动模式的位置预测研究[D].杭州:杭州电子科技大学.

丁金宏,刘振宇,程丹明,等.2005.中国人口迁移的区域差异与流场特征[J].地理研究,60(1):106-114.

丁旭.2011.城市规划的内涵及其城市规划教育[J].浙江大学学报(理学版),38(5):602-605.

董上,蒲英霞,马劲松,等.2014.中国省际人口迁移的复杂网络研究[J].南方人口,29(2):54-61.

段成荣,杨舸.2009.我国流动人口的流入地分布变动趋势研究[J].人口研究,33(6):1-12.

氾川.2013.借助于CGSS的流动人口抽样设计[D].上海:复旦大学.

符饶.2015.移动位置预测方法研究与实现[D].北京:北京邮电大学.

高强,张凤荔,王瑞锦,等.2017.轨迹大数据:数据处理关键技术研究综述[J].软件学报,28(4):959-992.

高汝熹,李志能,陈建明,等.1997.东京都心三区人口状况及对上海的启示[J].社会科学,(3):48-52.
龚尚福,陈婉璐,贾澎涛.2013.层次聚类社区发现算法的研究[J].计算机应用研究,30(11):3216-3220.
郭黎敏,丁治明,胡泽林,等.2010.基于路网的不确定性轨迹预测[J].计算机研究与发展,47(1):104-112.
郝扬.2015.基于时间和标签信息的个性化地点推荐方法研究[D].合肥:合肥工业大学.
衡彤.2003.小波分析及其应用研究[D].成都:四川大学.
康雯琴,丁金宏.2005.大城市开发区流动人口居住特征研究——以上海浦东新区为例[J].城市发展研究,12(6):45-46.
冷彪,赵文远.2014.基于客流数据的区域出行特征聚类[J].计算机研究与发展,51(12):2653-2662.
李敬,陈澍,万广华,等.2014.中国区域经济增长的空间关联及其解释—基于网络分析方法[J].经济研究,(11):4-16.
李路明.2013.基于 Wi-Fi 定位的轨迹预测的研究和实现[D].西安:西安电子科技大学.
李锐鑫.2012.移动通信流动客户识别理论研究与应用[D].北京:北京邮电大学.
李婷,裴韬,袁烨城,等.2014.人类活动轨迹的分类、模式和应用研究综述[J].地理科学进展,33(7):938-948.
李万高,赵雪梅,孙德厂.2013.基于改进贝叶斯方法的轨迹预测算法研究[J].计算机应用,33(7):1960-1963.
李小伟,陈永生.2014.城市轨迹交通客流预测算法设计与仿真[J].计算机科学,41(2):276-279.
李晓峰,黄国庆,李东.2013.基于多尺度融合的城市交通网仿真系统研究[J].计算机科学,40(2):108-111.
李怡涵.2015.1985-2010 年中国省际人口迁移的空间区域分布特征及影响因素研究[D].兰州:兰州大学.
李永浮,鲁奇,周成虎.2006.2010 年北京市流动人口预测[J].地理研究,25(1):131-140.
李悦猛.2006.挖掘电信客户的交往圈[D].北京:北京邮电大学.
李智勇,冷夔.2011.基于决策树技术的预离网客户识别模型[J].成都大学学报(自然科学版),30(4):371-374.

廖媛,何志芳,王明刚. 2012. 改进 GM(1,1)模型在城市流动人口预测中的应用[J]. 科学技术与工程,12(3):709-711.

刘春波. 2010. 基于人工神经网络的移动通信市场用户规模预测研究[D]. 广州:暨南大学.

刘分. 2013. 移动通信网中特定群体发现及行为分析研究[D]. 郑州:中国人民解放军信息工程大学.

刘宏鲲,张效莉,曹崀,等. 2009. 中国城市航空网络航线连接机制分析[J]. 中国科学,39(7):935-942.

刘婕. 2013. 中国现代城市规划科学研究的历史研究(1949-1977)[D]. 武汉:武汉理工大学.

刘奎恩,肖俊超,丁治明,等. 2013. 轨迹数据库中热门区域的发现[J]. 软件学报,(8):1816-1835.

刘烁. 2016. 生产性服务业发展与城市功能提升互动关系研究[D]. 杭州:浙江财经大学.

刘涛,仝德,李贵才. 2015. 基于城市功能网络视角的城市联系研究——以珠江三角洲为例[J]. 地理科学,35(3):306-313.

刘瑜,康朝贵,王法辉. 2014. 大数据驱动的人类移动模式和模型研究[J]. 武汉大学学报(信息科学版),39(6):660-666.

刘瑜,肖昱,高松,等. 2011. 基于位置感知设备的人类移动研究综述[J]. 地理与地理信息科学,27(4):8-13.

刘震,付俊辉,赵楠. 2013. 基于移动通信数据的用户移动轨迹预测方法[J]. 计算机应用与软件,30(2):10-13.

龙瀛,张宇,崔承印. 2012. 利用公交刷卡数据分析北京职住关系和通勤出行[J]. 地理学报,67(10):1339-1352.

陆锋,刘康,陈洁. 2014. 大数据时代的人类移动性研究[J]. 地球信息科学学报,16(5):665-672.

路洋. 2010. 3G 时代基于神经网络的移动通信业客户细分研究[D]. 成都:西南交通大学.

吕琳媛. 2010. 复杂网络链路预测[J]. 电子科技大学学报,39(5):651-661.

马林兵,李鹏. 2014. 基于子空间聚类算法的时空轨迹聚类[J]. 地理与地理信息科学,30(4):7-11.

马伟,王亚华,刘生龙. 2012. 交通基础设施与中国人口迁移:基于引力模型分析

[J]. 中国软科学,(3):69-78.
马晓峰. 2011. 基于数据挖掘技术的个人客户识别模型的研究及应用[D]. 成都:成都理工大学.
缪元武. 2013. 基于层次聚类的数据分析[D]. 合肥:安徽大学.
牟乃夏,陈洁,张灵先,等. 2015. 轨迹数据挖掘城市应用研究综述[J]. 地球信息科学学报,17(10):1136-1142.
Naka M. 2016. 基于社交媒体数据的人类移动模式发现研究[D]. 长春:吉林大学.
钮心毅,丁亮,宋小冬. 2014. 基于手机数据识别上海中心城的城市空间结构[J]. 城市规划学刊,(6):61-67.
漆莉莉. 2006. 江西流动人口规模的统计预测与分析[J]. 统计与信息论坛,21(2):67-70.
齐观德,潘遥,李石坚,等. 2013. 基于出租车轨迹数据挖掘的乘客候车时间预测[J]. 软件学报,24(S2):14-23.
乔少杰,金琨,韩楠,等. 2015. 一种基于高斯混合模型的轨迹预测算法[J]. 软件学报,26(5):1048-1063.
乔少杰,李天瑞,韩楠,等. 2015. 大数据环境下移动对象自适应轨迹预测模型[J]. 软件学报,26(11):2869-2883.
乔晓春,黄衍华. 2013. 中国跨省流动人口状况—基于六普数据的分析[J]. 人口与发展,19(1):13-28.
丘晓平,黄小兵. 2014. 大数据环境下的城市计算及其应用[J]. 现代计算机(专业版),(29):15-20.
申悦,柴彦威. 2013. 基于 GPS 数据的北京市郊区巨型社区居民日常活动空间[J]. 地理学报,68(4):506-516.
宋雪涛,蒲英霞,刘大伟,等. 2015. 利用行人轨迹挖掘城市区域功能属性[J]. 测绘学报,44(s1):82-88.
宋杨. 2015. 基于用户签到数据的行为分析及预测研究[D]. 北京:北京邮电大学.
汪小帆,李翔,陈关荣. 2012. 网络科学导论[M]. 北京:高等教育出版社.
王经纬. 2014. 基于手机端用户数据的地点预测模型研究与实践[D]. 北京:北京交通大学.
王静远,李超,熊璋,等. 2014. 以数据为中心的智慧城市研究综述[J]. 计算机研究与发展,51(2):239-259.
王珏,陈雯,袁丰. 2014. 基于社会网络分析的长三角地区人口迁移及演化[J]. 地理研究,33(2):385-400.

王亮,胡琨元,库涛,等.2014.位置不确定移动时空轨迹频繁模式挖掘[J].小型微型计算机系统,35(12):2659-2663.

王晓聪.2012.基于位置的社交网络用户签到行为研究[D].大连:大连海事大学.

王晓腾.2016.移动对象不确定性轨迹预测模型研究[D].成都:西南交通大学.

王宣强.2014.基于多源GPS浮动车数据的交通状态判别研究[[D].南京:东南大学.

王祖超,郭翰琦,袁晓如.2013.城市交通的可视化分析研究[J].中国计算机学会通讯,9(8):38-43.

韦艳,张力.2013."数字乱象"或"行政分工":对中国流动人口多元统计口径的认识[J].人口研究,37(4):56-65.

维克托·迈尔-舍恩伯格,肯尼思·库克耶,ViktorMayer-Schonberger,等.2013.大数据时代:生活、工作与思维的大变革[M].浙江人民出版社.

文莉,刘正士,葛运建.2002.小波去噪的几种方法[J].合肥工业大学学报:自然科学版,25(2):167-172.

向峰.2014.基于移动网络数据的用户行为与城市感知研究[D].武汉:华中科技大学.

肖群鹰,刘慧君.2007.基于QAP算法的省际劳动力迁移动因理论再研究[J].中国人口科学,(4):26-33.

闫小勇.2011.人类个体出行行为的统计实证[J].电子科技大学学报,40(2):168-173.

杨传开,宁越敏.2015.中国省际人口迁移格局演变及其对城镇化发展的影响[J].地理研究,34(8):1492-1506.

杨海,田永中,王冰.2011.基于RS和GIS的高分辨率白天城市人口分布模拟——以重庆市北碚城区为例[J].安徽农业科学,39(2):1129-1132.

杨航.2016.基于历史信息的移动对象轨迹预测研究[D].桂林:广西师范大学.

杨洁.2015.基于历史轨迹的位置预测方法研究[D].杭州:杭州电子科技大学.

姚华松,许学强.2008.西方人口迁移研究进展[J].世界地理研究,17(1):154-166.

于弘文.2001.从2000年人口普查看我国人口状况的几个特点[J].人口研究,25(4):12-18.

俞路,张善余.2005.基于空间统计的人口迁移流分析——以我国三大都市圈为例[J].华东师范大学学报(哲学社会科学版),37(5):25-31.

袁晓玲,张宝山,胡得佳,等. 2009. 人口迁移对区域经济增长地区差异的影响分析——以陕西省为例[J]. 华东经济管理,23(9):27-31.

张耀军,岑俏. 2014. 中国人口空间流动格局与省际流动影响因素研究[J]. 人口研究,38(5):54-71.

赵时亮,高扬. 2014. 基于移动通信的人口流动信息大数据分析方法与应用[J]. 人口与社会,30(3):20-26.

赵晔琴. 2010. 国外大都市"白天人口"研究及其对我国的启示[J]. 南方人口,25(6):24-31.

赵志丹. 2014. 人类行为时空特性的分析、建模及动力学研究[D]. 成都:电子科技大学.

郑宇. 2015. 城市计算概述[J]. 武汉大学学报(信息科学版),40(1):1-13.

郑宇,谢幸. 2010. 基于用户轨迹挖掘的智能位置服务[J]. 中国计算机学会通讯,6(6):23-30.

智勇,盛昭翰. 2009. 基于移动通信信息资源的人口流动趋势研究[J]. 山东社会科学,(11):102-105.

周涛,韩筱璞,闫小勇,等. 2013. 人类行为时空特性的统计力学[J]. 电子科技大学学报,42(4):481-540.

周天绮,严奥霞. 2015. 基于移动通信大数据的流动人口统计中 Hadoop 的应用研究[J]. 软件导刊,(3):36-38.

朱传耿,顾朝林,马荣华,等. 2001. 中国流动人口的影响要素与空间分布[J]. 地理学报,56(5):549-560.

朱枝琳. 2006. 基于模糊聚类的城市功能区划分研究[J]. 大坝与安全,(s1):28-31.

Aggarwal C C. 2007. Data Streams[M]. Springer US.

Akkerman A,Hwang-Kurylyk Y. 2004. The origin-destination matrix as an indicator of intrahousehold travel allocation[J]. Transportation Planning and Technology,27(4):285-314.

Akkerman A. 1995. The urban household pattern of daytime population change[J]. Annals of Regional Science,29(1):1-16.

Albert-László Barabási,Réka Alber. 1999. Emergence of Scaling in Random Networks[J]. Science,286(5439):509-512.

Ashbrook D,Starner T. 2003. Using GPS to learn significant locations and predict movement across multiple users[J]. Personal and Ubiquitous Computing,7

(5):275-286.

Backstrom L,Sun E,Marlow C. 2010. Find Me If You Can:Improving Geographical Prediction with Social and Spatial Proximity[C]// International Conference on World Wide Web. ACM.

Barabasi A L,Albert R. 1999. Emergence of Scaling in Random Networks[J]. Science,286(5439):509-512.

Baraglia R,Muntean C I,Nardini F M,et al.. 2013. LearNext:learning to predict tourists movements[J]. Proceedings of the 22nd ACM international conference on Conference on information & knowledge management:751-756.

Bastani F,Huang Y,Xie X,et al.. 2011. A Greener Transportation Model:Flexible Routes Discovery from GPS Trajectory Data[C]. ACM Sigspatial International Symposium on Advances in Geographic Information Systems. DBLP.

Becker R A,Caceres R,Hanson K,et al.. 2011. A tale of one city:Using cellular network data for urban planning[J]. IEEE Pervasive Computing,10(4):18-26.

Bell M,Blake M,et al.. 2002. Cross-national Comparison of Internal Migration: Issues and Measures[J]. Journal of the Royal Statistical Society A,165(3): 435-464.

Blondel V D,Guillaume J L,Lambiotte R,et al.. 2008. Fast Unfolding of Communities in Large Networks[J]. Journal of Statistical Mechanics:Theory and Experiment,(10):155-168.

Boyd D,Golder S,Lotan G. 2010. Tweet,tweet,retweet:Conversational aspects of retweeting on Twitter. Proceedings of the 43rd Hawaii International Conference on System Sciences. HICSS-43:1-10.

Brakatsoulas S,Pfoser D,Salas R,et al.. 2005. On map-matching vehicle tracking data[C]// Proceedings of the 31st International Conference on Very Large Data Bases,Trondheim,Norway,August 30 - September 2. VLDB Endowment:853-864.

Bram J,McKay A. 2005. The evolution of commuting patterns in the New York city metro area[J]. Current Issues in Economics and Finance,11(10):1-7.

Breese G W. 1949. The Daytime Population of the Central Business District of

Chicago: With Particular Reference to the Factor of Transportation[D]. University of Chicago Press, Chicago.

Cajueiro D O. 2010. Optimal navigation for characterizing the rule of the nodes in complex networks[J]. Physica A: Statistical Mechanics and its Applications, 389(9): 1945-1954.

Calabrese F, Di Lorenzo G, Ratti C. 2010. Human mobility prediction based on individual and collective geographical preferences[C]// International IEEE Conference on Intelligent Transportation Systems. IEEE.

Camacho J, Guimerà R, Nunes Amaral L A. 2002. Robust patterns in food web structure[J]. Physical Review Letters, 88(22): 228102.

Camille R, Soong Moon K, Michael B, et al.. 2011. Structure of urban movements: Polycentric activity and entangled hierarchical flows[J]. Plos One, 6(1): e15923.

Carleer A P, wolff E. 2006. Urban land cover multi-level region-based classification of VAR data by selecting relevant features[J]. International Journal of Remote sensing, 27(6): 1035-1051.

Ceapa I, Smith C, Capra L. 2012. Avoiding the crowds: understanding Tube station congestion patterns from trip data[C]// ACM Sigkdd International Workshop on Urban Computing. ACM: 134-141.

Chawla S, Zheng Y, Hu J. 2013. Inferring the root cause in road traffic anomalies[C]// IEEE International Conference on Data Mining: 141-150.

Chen C, Bian L, Ma J. 2014. From traces to trajectories: How well can we guess activity locations from mobile phone traces? [J]. Transportation Research Part C: Emerging Technologies, (46): 326-337.

Chen D, Stow D A, Gong P. 2004. Examining the effect of spatial resolution and texture window size on classification accuracy: an urban environment case[J]. International Journal of Remote Sensing, 25(11): 2177-2192.

Cheng Z, Caverlee J, Lee K. 2010. You are where you tweet: a content-based approach to geo-locating twitter users[C]//ACM International Conference on Information and Knowledge Management. ACM: 759-768.

Chow C Y, Mokbel M F. 2011. Trajectory privacy in location-based services and data publication[J]. Acm Sigkdd Explorations Newsletter, 13(1): 19-29.

Coleman J S. 2009. Relational Analysis: The Study of Social Organizations with Survey Methods[J]. Human Organization, 17(4): 28-36.

Collins A, Greaves S. 2006. Daytime Population Tracking for Planning and Pollution Exposure Assessment[J]. Road and Transport Research, 16(1): 55.

Crucitti P, Latora V, Porta S. 2006. Centrality in Network of Urban Streets[J]. Chaos: An Interdisciplinary Journal of Nonlinear Science, 16(1): 015113.

Csáji, Balázs Cs, Browet A, Traag V A, et al.. 2013. Exploring the mobility of mobile phone users[J]. Physica A: Statistical Mechanics and Its Applications, 392(6): 1459-1473.

Dao T H, Jeong S R, Ahn H. 2012. A novel recommendation model of location-based advertising: Context-Aware Collaborative Filtering using GA approach[J]. Expert Systems with Applications, 39(3): 3731-3739.

Deng J S, Wang K, Hong Y, et al.. 2009. Spatio—temporal dynamics and evolution of land use change and landscape pattern in response to rapid urbanization[J]. Landscape and Urban Planning, 92(3): 187-198.

Derrible S, Kennedy C. 2010. Evaluating, comparing, and improving metro networks[J]. Transportation Research Record: Journal of the Transportation Research Board, 2146(1): 43-51.

DoT M T, Gatica-Perez D. 2014. Where and what: Using smart-phones to predict next locations and applications in daily life[J]. Pervasive and Mobile Computing, 12: 79-91.

Doyle J, Hung P, Farrell R, et al.. 2014. Population Mobility Dynamics Estimated from Mobile Telephony Data[J]. Journal of Urban Technology, 21(2): 109-132.

Dunbar R I M. 1992. Neocortex size as a constraint on group size in primates[J]. Journal of Human Evolution, 22 (6): 469-493.

Dunbar R I M. 1993. Coevolution of Neocortical Size, Group Size and Language in Humans[J]. Behavioral and Brain Sciences, 16(4): 681-735.

Etter V, Kafsi M, Kazemi E, et al.. 2013. Where to go from here? Mobility prediction from instantaneous information [J]. Pervasive and Mobile Computing, 9(6): 784-797.

Fan C. 2005. Modeling Interprovincial Migration in China, 1985—2000[J]. Eurasian Geography and Economics, 46(3): 165-184.

Fan C. 2005. Modeling Interprovincial Migration in China, 1985—2000[J]. Eurasian Geography and Economics, 46(3): 165-184.

Foley D L. 1954. Urban Daytime Population: A Field for Demographic-Ecological Analysis[J]. Social Forces, 32(4): 323-330.

Fu Y, Xiong H, Ge Y, et al.. 2014. Exploiting Geographic Dependencies for Real Estate Appraisal: A Mutual Perspective of Ranking and Clustering[C]// ACM.

Gao L, Song C, Gao Z, et al.. 2014. Quantifying information flow during emergencies[J]. Scientific Reports, 4(2): 3997.

Gao S, Liu Y, Wang Y, et al.. 2013. Discovering spatial interaction communities from mobile phone data[J]. Transactions in GIS, 17(3): 463-481.

González M C, Hidalgo C A, Barabási A L. 2008. Understanding individual human mobility patterns[J]. Nature, 453(7196): 779-782.

Goodman L A. 1961. Snowball Sampling[J]. Annals of Mathematical Statistics, 32: 148-170.

Granovetter M S. 1973. The Strength of Weak Ties[J]. American Journal of Sociology, 78(6): 1360-1380.

Graves P E, Linneman P D. 1979. Household migration: Theoretical and empirical results[J]. Journal of Urban Economics: 383-404.

Greenwood M J. 1969. An Analysis of the Determinants of Geographic Labor Mobility in the United State[J]. The Review of Economics and Statistics, 51 (2), 189-194.

Greenwood M J. 1985. Human Migration: Theory, Models and Empirical Studies [J]. Journal of Regional Science, 25(4): 521-544.

Guo D. 2009. Flow mapping and multivariate visualization of large spatial interaction data[J]. IEEE Transactions on Visual-ization and Computer Graphics, 15(6): 1041-1048.

Harris J R, Todaro M P. 1970. Migration, Unemployment and Development: A Two-Sector Analysis[J]. American Economic Review, 60(1): 126-142.

Hasan S, Schneider C M, Ukkusuri S V, et al.. 2013. Spatiotemporal Patterns of Urban Human Mobility[J]. Journal of Statistical Physics, 151(1-2): 304-

318.

Heberle R. 1938. The Causes of Rural-Urban Migration a Survey of German Theories[J]. The American Journal of Sociology,43(6):932-950.

Hecht B,Hong L,et al.. 2011. Tweets from Justin Bieber's heart:the dynamics of the location field in user profiles[C]//In Proceedings of the SIGCHI Conference on Human Factors in Computing Systems (CHI '11). ACM,New York, NY,USA:237-246.

Herold M,Liu X H,Clarke K C. 2003. Spatial metrics and image texture for mapping urban land use [J]. Photogrammetric Engineering and Remote Sensing, 69(9):991-1002.

Hicks J R. 1932. The Theory of Wages[M]. London:Macmillan and Co. Limited.

Honey C,Herring S C. 2009. Beyond Microblogging:Conversation and Collaboration via Twitter[C]// Hawaii International Conference on System Sciences. IEEE:1-10.

Huberman B A,Romero D M,Wu F. 2009. Social networks that matter:Twitter under the microscope. First Monday,14(1).

Irani Z,Elragal A,El-Gendy N. 2013. Trajectory data mining:integrating semantics[J]. Journal of Enterprise Information Management,26(5):516-535.

Java A,Song X,Finin T,et al.. 2007. Why We Twitter:Understanding Microblogging Usage and Communities[C]// Webkdd & Sna-kdd Workshop on Web Mining & Social Network Analysis. ACM:56-65.

Jensen C S,Tradišauskas N. 2009. Map Matching[M]. Springer US.

Jeong H,Tombor B,Albert R,et al.. 2000. The Large-scale Organization of Metabolic Networks[J]. Nature,407(6804):651-654.

Jiang B,Jia T. 2011. Exploring Human Mobility Patterns Based on Location Information of US Flights[J]. arXiv preprint arXiv:1104. 4578.

Jiang B,Yin J J,Zhao S J. 2009. Characterizing human mobility patterns in a large street network [J]. Physical Review E,80:21-136.

Johnston R,Cybriwsky R. 1998. Spatial Behavior:A Geographic Perspective. Reginald G. Golledge and Robert J. Stimson; Seoul:The Making of a Metropolis. Joochul Kim and Sang-Chuel Choe[J]. Urban Geography,19(6):582-584.

Jung W S, Wang F Z, Stanley H E. 2008. Gravity model in the Korean highway [J]. EPL (Europhysics Letters), (4).

Kang C, Gao S, Lin X, et al.. 2010. Analyzing and geo-visualizing individual human mobility patterns using mobile call records[C]//International Conference on Geoinformatics. IEEE: 1-7.

Kang C, Ma X, Tong D, et al.. 2012. Intra-urban human mobility patterns: An urban morphology perspective[J]. Physics A: Statistical Mechanics and its Applications, 391(4): 1702-1717.

Kang C, Sobolevsky S, Liu Y, et al.. 2013. Exploring human movements in Singapore: a comparative analysis based on mobile phone and taxicab usages[C]// ACM Sigkdd International Workshop on Urban Computing. ACM: 1-8.

Kanoulas E, Du Y, Xia T, et al.. 2006. Finding Fastest Paths on A Road Network with Speed Patterns[C]//International Conference on Data Engineering. IEEE Computer Society.

Karamshuk D, Noulas A, Scellato S, et al.. 2013. Geo-Spotting: Mining Online Location-Based Services for Optional Retail Store Placement[C]//ACM.

Kau J B, Sirmans C F. 1979. A Recursive Model of the Spatial Allocation of Migrants [J], Journal of Regional Sciences, 19(1): 47-56.

Kung K S, Greco K, Sobolevsky S, et al.. 2014. Exploring universal patterns in human home-work commuting from mobile phone data[J]. Plos One, 9(6): e96180.

Lam L, Lee S W, Suen C Y. 2002. Thinning methodologies-a comprehensive survey[J]. IEEE Trans. pattern Anal. machine Intell, 14(9): 869-885.

Lathia N, Capra L. 2011. Mining Mobility Data to Minimize Traveler's Spending on Public Transport[C]//Acm Sigkdd International Conference on Knowledge Discovery & Data Mining. ACM.

Latora V, Marchiori M. 2002. Is the Boston subway a small-world network[J]. Physica A: statistical Mechanics and its Applications, 314(1): 109-113.

Lee A J T, Chen Y A, Ip W C. 2009. Mining frequent trajectory patterns in spatial-temporal databases[J]. Information Science, 179(13): 2218-2231.

Lee K, Jung W S, Park J S, et al.. 2008. Statistical analysis of the metropolitan Seoul subway system: Network structure and passenger flows[J]. Physica

A:Statistical Mechanics and its Applications,387(24):6231-6234.

Lerman K, Ghosh R. 2010. Information Contagion: an Empirical Study of the Spread of News on Digg and Twitter Social Networks[J]. Computer Science, 52:166-176.

Li Q,Zheng Y,Xie X,et al.. 2008. Mining user similarity based on location history[C]//Acm Sigspatial International Conference on Advances in Geographic Information Systems. ACM:1-10.

Li X,Li X,Tang D,et al.. 2010. Deriving features of traffic flow around an intersection from trajectories of vehicles[C]//International Conference on Geoinformatics. IEEE:1-5.

Li X,Pan G,Wu Z,et al.. 2012. Prediction of urban human mobility using large-scale taxi traces and its applications[J]. Frontiers of Computer Science in China,6(1):111-121.

Li Y,Zhou W,Guo S J. 2007. An analysis of complexity of public transportation network in shanghai[J]. Systems Engineering,25(1):38-41(in Chinese)

Li Z,Ding B,Han J,et al.. 2010. Mining periodic behaviors for moving objects[C]//ACM Sigkdd International Conference on Knowledge Discovery and Data Mining. ACM:1099-1108.

Lindqvist J,Cranshaw J,Wiese J,et al.. 2011. I'm the mayor of my house:examining why people use foursquare-a social-driven location sharing application[C]//Proceedings of the SIGCHI conference on human factors in computing systems,ACM:2409-2418.

Liu W, Zheng Y, Chawla S, et al.. 2011. Discovering Spatio-Temporal Causal Traffic Data Streams[C]//KDD,San Diego,California.

Liu Y,Sui Z,Kang C,et al.. 2014. Uncovering Patterns of Inter-Urban Trip and Spatial Interaction from Social Media Check-In Data[J]. Plos One 9(1): e86026.

Lorenzo G D,Calabrese F. 2011. Identifying human spatio-temporal activity patterns from mobile-phone traces[C]//International IEEE Conference on Intelligent Transportation Systems. IEEE:1069-1074.

Lorenzo G D, Reades J, Calabrese F, et al.. 2012. Predicting personal mobility with individual and group travel histories[J]. Environment and Planning B:

Planning and Design,39(5):838-857

Lu D, Weng Q. 2005. Urban classification using full spectral information of landsat ETM+imagery in merino county, Indiana[J]. Photogrammetric Engineering and Remote Sensing,71(11):1275-1284.

Lu H,Shi Y. 2007. Complexity of public transport networks[J]. Tsinghua science & Technology,12(2):204-213.

Lü W F,Zhu T Y,Wu D D,et al.. 2008. A heuristic path-estimating algorithm for large-scale real-time traffic information calculating[J]. Science in China Series E:Technological Sciences,51(1):165-174.

Luck M, Wu J G. 2002. A gradient analysis of urbanlandscape pattern: A case study from the phoenix metropolitan region, Arizona, USA[J]. Landscape Ecology,17(4):327-339.

Ma S, Zheng Y, Wolfson O. 2013. T-Share: A Large-Scale Dynamic Taxi Ride sharing Service[C]//2013 IEEE 29th International Conference on Data Engineering (ICDE). IEEE Computer Society.

Mackinnon R D. 1972. Entropy in Urban and Regional Modelling[J]. Economic Geography,48(4):2.

Mamoulis N,Cao H,Kollios G,et al.. 2004. Mining,indexing,and querying historical spatiotemporal data[C]//DBLP:236-245.

Meijles E W,Bakker M D,Groote P D,et al.. 2014. Analysing hiker movement patterns using GPS data:Implications for park management[J]. Computers Environment & Urban Systems,47(3):44-57.

Menzies F A A. 1952. An Estimated of the Day-time Population of London[J]. Town Planning Institute Journal,38,116-120.

Momtazpour M,Butler P,Hossain M S,et al.. 2012. Coordinated clustering algorithms to support charging infrastructure design for electric vehicles[C]// Acm Sigkdd International Workshop on Urban Computing. ACM:126-133.

Monreale A,Pinelli F,Trasarti R,et al.. 2009. WhereNext:a location predictor on trajectory pattern mining[C]//ACM SIGKDD International Conference on Knowledge Discovery and Data Mining,Paris,France,June 28 - July. ACM: 637-646.

Montjoye Y A D, César A. Hidalgo, Verleysen M, et al.. 2013. Unique in the

Crowd: The privacy bounds of human mobility[J]. Scientific Reports, 3(6): 1376.

Nanni M, Pedreschi D. 2006. Time-focused clustering of trajectories of moving objects[J]. Journal of Intelligent Information Systems, 27(3): 267-289.

Newman M E, Watts D J. 1999. Scaling and percolation in the small-world network model[J]. Physical Review E, 60(6): 7332-7342.

Noulas A, Scellato S, Mascolo C, et al.. 2011. An empirical study of geographic user activity patterns in Foursquare[C]// Proceedings of 5th International Conference on Weblogs and Social Media, Barcelona, Catalonia: 17-21.

Onnela J P, Saramaki J, Hyvonen J, et al.. 2006. Structure and Tie Strenghs in Mobile Communication Networks[J]. Proceedings of the National Academy of Sciences of the United States of America, 104(18), 7332-7336.

Pacifici F, Chini M, Emery W J. 2009. A neural network approach using multi-scale textural metrics from very high-resolution panchromatic imagery for urban land-use classification[J]. Remote Sensing of Environment, 113(6): 1276-1292.

Pan B, Zheng Y, Wilkie D, et al.. 2013. Crowd Sensing of Traffic Anomalies based on Human Mobility and Social Media[C]// Acm Sigspatial International Conference on Advances in Geographic Information Systems. Orlando, Florida, USA.

Pan G, Qi G, Wu Z, et al.. 2013. Land-use classification using taxi GPS traces[J]. IEEE Transactions on Intelligent Transportation Systems, 14(1): 113-123.

Pang L X, Chawla S, Liu W, et al.. 2011. On mining anomalous patterns in road traffic streams[C]//International Conference on Advanced data mining and applications. Berlin, Germany: Springer: 237-251.

Pang L X, Chawla S, Liu W, et al.. 2013. On Detection of Emerging Anomalous Traffic Patterns Using GPS Data[J]. Data & Knowledge Engineering, 87(9): 357-373.

Pastorsatorras R, Vespignani A. 2004. Evolution and Structure of the Internet [M]. Cambridge University Press.

Peng C, Jin X, Wong K C, et al.. 2012. Collective human mobility pattem from taxi trips in urban area[J]. Plos One, 7(4): e34487.

Phithakkitnukoon S, Horanont T, Lorenzo G D, et al.. 2010. Activity-aware map: identifying human daily activity pattern using mobile phone data[C]//Human Behavior Understanding, First International Workshop, HBU 2010, Istanbul, Turkey, August 22. Proceedings. DBLP: 14-25.

Phithakkitnukoon S, Horanont T, Witayangkurn A, et al.. 2015. Understanding tourist behavior using large-scale mobile sensing approach: A case study of mobile phone users in Japan[J]. Pervasive and Mobile Computing, 18(C): 18-39.

Porta S, Latora V, Wang F, et al.. 2009. Street centrality and densities of retail and services in Bologna, Italy [J]. Environment and Planning B-Planning and Design, 36(3): 450-465.

Porta S, Latora V, Wang F, et al.. 2012. Street Centrality and the Location of Economic Activities in Barcelona[J]. Urban Studies, 49(7): 1471-1488.

Puissant A, Hirsch J, Weber C. 2005. The utility of texture analysis to improve per-pixel classification for high to very high spatial resolution imagery[J]. International Journal of Remote Sensing, 26(4): 733-745.

Ratti C, Pulselli R M, Williams S, et al.. 2006. Mobile landscapes: Using location data from cell phones for urban analysis[J]. Environment and Planning B Planning and Design, 33(5): 727-748.

Ravenstein E G, 1885. The laws of migration[J]. Journal of the Statistical Society of London, 48(2) : 167-235.

Rhee I, Shin M, Hong S, et al.. 2011. On the Levy-Walk Nature of Human Mobility[J]. IEEE/ACM Transactions on Networking, 19(3): 630-643.

Romero D M, Galuba W, Asur S, et al.. 2011. Influence and Passivity in Social Media[C]//International Conference Companion on World Wide Web. ACM: 113-114.

Salganik M J, Heckathorn D D. 2004. Sampling and Estimation in Hidden Populations Using Respondent-Driven Sampling[J]. Sociological Methodology, 34 (1): 193-240.

Seaton K A, Hackett L M. 2004. Stations, trains and small-world networks[J]. Physica A: statistical Mechanics and its Applications, 339(3): 635-644.

Sen P,Dasgupta S,Chatterjee A,et al.. 2003. Small-world properties of the Indian railway network [J]. Physical Review E,67(3):036106.

Seto K C,Fragkias M. 2005. Quantifying spatiotemporal patterns of urban land—use change in four cities of china with time series landscape metrics[J]. Landscape Ecology,20(7):871-888.

Sevtsuk A. 2008. Explorations into urban mobility patterns using aggregate mobile network data. SOTUR working paper TSI-SOTUR-08-03,MIT-Portugal Program.

Shang J,Zheng Y,Tong W,et al.. 2014. Inferring Gas Consumption and Pollution Emission of Vehicles throughout a City[C]. KDD, New York, USA: 1027-1036.

Sjaastad L A. 1962. The Costs and Returns of Human Migration[J]. Journal of Political Economy,70(5):80-93.

Soh H,Lim S,Zhang T,et al.. 2010. Weighted complex network analysis of travel routes on the Singapore public transportation system[J]. Physica A statistical Mechanics and Its Applications,389(24):5852-5863.

Song C,Qu Z,Blumm N,et al.. 2010. Limits of predictability in human mobility [J]. Science,327(5968):1018-1021.

Song X,Zhang Q,Sekimoto Y,et al.. 2013. Modeling and Probabilistic Reasoning of Population Evacuation during Large-Scale Disaster[C]//Acm Sigkdd International Conference on Knowledge Discovery & Data Mining. ACM.

Starbird K,Palen L. 2010. Pass it on:Retweeting in mass emergency[C]//International Community on Information Systems for Crisis Response and Management,Seattle.

Tobler W. 1970. A computer movie simulating urban growth in the Detroit region [J]. Economic Geography,46(2):234-240.

Tsoukatos I,Gunopulos D. 2001. Efficient Mining of Spatiotemporal Patterns[C] // International Symposium on Advances in Spatial and Temporal Databases. Springer-Verlag:425-442.

Tulusan J, Staake, Fleisch E. 2012. Providing eco-driving feedback to corporate car drivers:what impact does a smartphone application have on their fuel efficiency? [C]// Conference on Ubiquitous Computing. New York: ACM: 212-215.

Veloso M, Phithakkitnukoon S, Bento C. 2011. Urban mobility study using taxi traces[C]//International workshop on Trajectory data mining and analysis. ACM: 23-30.

Vieweg S, Hughes A L, Starbird K, et al.. 2010. Microblogging during two natural hazards events: what twitter may contribute to situational awareness[C]//Sigchi Conference on Human Factors in Computing Systems. ACM: 1079-1088.

Voorde T V D, Jacquet W, Canters F. 2011. Mapping form and function in urban areas: An approach based on urban metrics and continuous impervious surface data [J]. Landscape and Urban Planning, 102(3): 143-155.

Wang P, Hunter T, Bayen A M, et al.. 2012. Understanding road usage patterns in urban areas[J]. Scientific reports, 2(12): 1001.

Wang S H, Long G L. 2015. Big data and quantum computation[J]. Chinese Science Bulletin, 60(5-6): 499-508.

Wang Y, Zheng Y, Liu T. 2014a. A Noise Map of New York City[C]//ACM.

Wang Y, Zheng Y, Xue Y. 2014b. Travel Time Estimation of a Path Using Sparse Trajectories[C]//In Proceedings of the 20th SIGKDD conference on Knowledge Discovery and Data Mining.

Watts D J, Strogatz S H. 1998. Collective Dynamics of 'Small-World' Networks [J]. Nature, 393(6684): 440-442.

Wilson A G. 1967. A statistical theory of spatial distribution models[J]. Transportation Research, 1(3): 253-269.

Xu J J, Zheng K, Chi M M, et al.. 2015. Trajectory big data: data, applications and techniques[J]. Journal on Communications, 36(12): 97-105.

Yang J, Lu L, Xie W, et al.. 2007. On Competitive Relationship Networks: A New Method for Industrial Competition Analysis[J]. Physica A Statistical Mechanics and Its Applications, 382(2): 704-714.

Yang X, Shaw S L, Zhao Z, et al.. 2015. Understanding aggregate human mobility patterns using passive mobile phone location data: a home-based approach

[J]. Transportation,42(4):625-646.

Yu H,Shaw S L. 2008. Exploring potential human interactions inphysical and virtual spaces:A spatiotemporal GIS approach[J]. International Journal of Geographical Information Science,22(4):409-430.

Yuan J,Guang Z,et al.. 2013. T-Driving:Enhancing Driving Directions with Taxi Driver's Intelligence[J]. IEEE Transaction on Knowledge and Data Engineering,25(1):220-232.

Yuan J,Zheng Y,Xie X. 2012. Discovering regions of different functions in a city using human mobility and POIs[C]//International Conference on Knowledge Discovery and Data Mining. ACM:186-194.

Yuan J,Zheng Y,Xie X,et al.. 2011. Driving with Knowledge from the Physical World[C]//International Conference on Knowledge Discovery and Data Mining. KDD:316.

Yuan J,Zheng Y,Zhang C,et al.. 2010. T-Drive:Driving Directions Based on Taxi Trajcctories[C]// Sigspatial International Conference on Advances in Geographic Information Systems. ACM:99-108.

Yuan J,Zheng Y,Zhang L,et al.. 2011. Where to find my next passenger[C]// Proceedings of the 13th international conference on Ubiquitous computing. ACM:109-118.

Yuan J,Zheng Y,Zhang L,et al.. 2013. T-Finder:A Recommender System for Finding Passengers and Vacant Taxis[J]. IEEE Transaction on Knowledge and Data Engineering,25(10):2390-24403.

Zhang J,Xu X,Hong L,et al.. 2011. Networked analysis of the shanghai subway network,in China[J]. Physica A Statistical Mechanics and its Applications, 390(23-24):4562-4570.

Zhang W,Li S,Pan G. 2012. Mining the semantics of origin-destination flows using taxi traces[C]//The 14th international conference on ubiquitous computing. Pittsburgh,United States:September:5-8.

Zhao Ji,Di Z,Wang D. 2005. Empirical research on public transport network of Beijing[J]. Complex systems and Complexity Science,2(2):45-48.

Zheng H,Meng X F. 2011. A Survey of Trajectory Privacy-Preserving Techniques

[J]. Chinese Journal of Computers, 34: 1820-1830.

Zheng J, Liu S, Ni L M. 2013. Effective routine behavior pattern discovery from sparse mobile phone data via collaborative filtering[C]// IEEE International Conference on Pervasive Computing & Communications. IEEE Computer Society, 2013a: 29-37.

Zheng V W, Zheng Y, Xie X, et al.. 2012. Towards mobile intelligence: Learning from GPS history data for collaborative recommendation[J]. Artificial Intelligence, 184-185(2): 17-37.

Zheng Y. 2015. Trajectory Data Mining: An Overview[C]//ACM Transaction on Intelligent Systems and Technology.

Zheng Y, Li Q, Chen Y, et al.. 2008. Understanding mobility based on GPS data [C]// International Conference on Ubiquitous Computing. ACM: 312-321.

Zheng Y, Liu F, Hsieh H P. 2013b. U-Air: When urban air quality inference meets big data[C]// Acm Sigkdd International Conference on Knowledge Discovery & Data Mining. ACM.

Zheng Y, Liu T, Wang Y, et al.. 2014. Diagnosing New York City's Noises with Ubiquitous Data[C]//The 16th ACM International Conference on Ubiquitous Computing.

Zheng Y, Liu Y, Yuan J, et al.. 2011b. Urban computing with taxicabs[C]// International Conference on Ubiquitous Computing. ACM: 89-98.

Zheng Y, Wang L, Zhang R, et al.. 2008. GeoLife: Managing and Understanding Your Past Life over Maps[C]//International Conference on Mobile Data Management. IEEE: 211-212.

Zheng Y, Xie X. 2011a. Learning travel recommendations from user-generated GPS traces[J]. ACM Transactions on Intelligent Systems & Technology, 2 (1): 1-29.

Zheng Y, Xie X, Ma W Y. 2010. GeoLife: A collaborative social networking service among user, location and trajectory[J]. IEEE Data(base) Engineering Bulletin, 33(2): 32-39.

Zheng Y, Zhang L, Xie X, et al.. 2009a. Mining interesting locations and travel sequences from GPS trajectories[C]//International Conference on World Wide

Web. ACM:791-800.

Zheng Y, Zhang L, Xie X, et al.. 2009b. Mining correlation between locations using human location history[C]// Workshop on Advances in Geographic Information Systems. ACM:472-475.

Zipf G K. 1946. The P1P2 /D Hypothesis: On intercity movement of persons[J]. American Sociological Review, 11(6):677-686.

Zipf G K. 1949. Human behavior and the principle of least effort [M]. New York: Hafner.